LES FANTÔMES

D'UNE DANSE MACABRE

ANTOINE VICARD

LES FANTÔMES

D'UNE

DANSE MACABRE

PRÉFACE DE M. J.-H. ROSNY Aîné
DE L'ACADÉMIE DES GONCOURT

L'Art funèbre au Moyen Âge,
d'après la fresque de la Chaise-Dieu.
Ses Personnages obligatoires. Sa Technique.
Ses Rapports avec le dogme de l'enfer.
Ce qu'il doit à l'Apocalypse.

SEPT ILLUSTRATIONS

LE PUY-EN-VELAY
IMPRIMERIE PEYRILLER, ROUCHON ET GAMON
23, BOULEVARD CARNOT, 23

1918

A ÉMILE ANJOU

FRATERNELLEMENT

PRÉFACE

Les Fantômes d'une danse macabre...
Sous ce titre M. Antoine Vicard, à qui nous
devons déjà plusieurs œuvres originales, a
composé un livre où l'on ne sait ce qui l'em-
porte en talent, de la finesse de l'analyse,
de l'intuition ou de l'érudition.

Ouvrage séduisant, qui étudie, avec une
compétence rare, la fresque géniale de l'église
de la Chaise-Dieu et corrélativement l'art
funèbre au Moyen-Age.

Un tel sujet semble nous conduire bien
loin de l'heure présente et, en effet, nous nous
trouvons plongés dans un milieu qui a, depuis
longtemps, cessé d'être familier à notre civi-
lisation. Tout de même cette méditation de
la mort, la haute satire aussi qui se mêle à

la Danse Macabre, ne sont pas sans avoir bien des points de contact avec les pensées et les sentiments qui nous absorbent pendant ces jours tragiques.

J'aurais voulu dire au lecteur ce qu'il peut particulièrement aimer et admirer dans cette étude, mais je serais forcé de me livrer à une analyse qui déflorerait le sujet et le trahirait peut-être. Aussi bien lit-on peu les préfaces, surtout les longues : bornons-nous à affirmer que c'est ici une œuvre de grand mérite et fort agréable à lire. Une suprême leçon de philosophie s'en dégage, que l'auteur a su mettre en relief avec profondeur et précision, et qui est de tous les temps.

J.-H. ROSNY Aîné
de l'Académie des Goncourt

AVANT-PROPOS

―――――

Il est une œuvre du XVe siècle qui méri-
terait dans l'histoire de l'art une place égale
à celle des *Panathénées*, ce pur symbole du
monde antique dont s'enorgueillit le temple
du Parthénon. Comment ne s'être pas
encore avisé, en effet, que la *fresque des
morts* de la Chaise-Dieu en Haute-Loire
nous offre, avec l'intérêt de sa valeur
technique, le plus puissant raccourci des
vieux âges chrétiens, en opposant à cette
glorification de la vie terrestre qui fait le
fond du paganisme le noir souci des choses
de l'âme ?

Sans doute fallait-il attendre une autre

ère de deuil pour saisir dans l'intimité de son histoire cette pensée, mûrie au contact du mal, que résuma la danse macabre. Aussi, puisque l'actualité s'y prête, je revendique les droits à l'admiration de tous de cet art funèbre qui nous a laissé un chef-d'œuvre.

LES FANTÔMES

D'UNE DANSE MACABRE

LES PERSONNAGES OBLIGATOIRES

LA FRESQUE DES SEIGNEURS DU TEMPS JADIS

La danse macabre de l'église de la Chaise-Dieu se trouve peinte sur le mur bas qui clôt le chœur du côté du collatéral nord. Un chaperon la borde de son ombre et quatre piliers la partagent en une sorte de triptyque avant de rejoindre la voûte. A peine éclairée par de hautes fenêtres en lancette, elle expose la leçon de ses fantômes depuis la fin du Moyen-Age, mais s'efface un peu plus d'un siècle à l'autre comme pour ajouter la fatalité de sa propre destruction à la pensée qui la créa.

Elle se développe en une procession de personnages d'environ un mètre de haut. De couleur mate, sur un fond vieux rouge et un sol jaunâtre, « le mort le vif fait avancer » comme on disait alors, mort turbulent, vif à pose tranquille, tous deux d'un ton de vieil ivoire.

Plus encore que les vifs en leur costume si pittoresque d'avant l'édit de 1480, qui interdira le port des souliers à la poulaine pour introduire la mode des chaussures à bout coupé, le mort de la Chaise-Dieu frappe par ses attitudes variées et sarcastiques. Il se démène, va de l'un à l'autre, se multiplie, comme une sorte de bouffon chargé de lancer au nez des gens la plus brutale des vérités.

Il paraît d'abord dans son emploi de cour, empressé auprès du haut clergé et de la noblesse, ayant tout juste gardé de son expérience des usages du monde une certaine réserve à l'égard du pape et de l'empereur. Le pape, incliné sous le poids de la tiare, se sent arrêté soudain dans sa mission : c'est l'ombre du fou qui a mis le pied sur le manteau sacré, dans le même temps qu'elle prend la main d'un empereur d'Occident et de Constantinople qui croyait tenir à jamais la boule du monde.

Ce beau coup fait, son naturel revient au galop et son audace grandit d'une scène à l'autre. Il donne du genou au cardinal en prière; puis, pour tourner en dérision le riche costume du roi de France, il s'affuble d'un méchant suaire et présente au monarque ses respects en lui tapant sur le ventre.

Mais « manger du prélat » a tant d'attrait pour lui que le voici sautant familièrement au cou d'un autre prince d'église, de même qu'un peu plus loin d'un croc en jambe il fera chanceler un évêque.

Encore moins se gênerait-il avec les gens de guerre et, à pas de loup, ventre creux, épaules remontées, il prend en traître le chevalier embastillé dans son armure qui a perdu sa bonne épée. Le franc-archer de Bagnolet n'avait pas plus jaune mine que ce professionnel quand s'agitait devant lui un épouvantail à moineaux.

On ne s'étonne plus après cela de voir le sinistre plaisant contrefaire l'ivrogne, en passant près du seigneur vêtu d'un pourpoint faisant jupe et coiffé d'un haut bonnet. Qui sait? celui-ci rêvait-il, par un soir d'étoiles, grosse charge ou riche alliance; mais le spadassin surgit de l'ombre et lui vole sa dague que découvre son geste de surprise.

Vient le complice de cette attaque nocturne, un mort informe et verdi, vraie silhouette de noyé, qui semble immobiliser le bras gauche de l'homme qu'on assassine.

Ainsi finit la première fresque.

Réservée aux gens de haute lignée, cette partie de l'œuvre apparaît comme une concession à l'ordre social. L'idée d'égalité y est atténuée; et, ainsi que sous les dalles de l'église, pape (1), seigneurs et abbés mîtrés dorment leur éternité loin du commun des cimetières, la règle de l'art, qui n'est pas loin de ressembler à une flatterie, tempérait aux yeux de l'aristocratie la rudesse de la leçon, en représentant une sorte d'égalité dans la hiérarchie.

L'ensemble de cette fresque nous reporte à la *Ballade des seigneurs du temps jadis* que rima Villon en son *Grand Testament*, et, la contemplant, on croit entendre le refrain : « Mais où

---

1. Clément VI fut enseveli à la Chaise-Dieu.

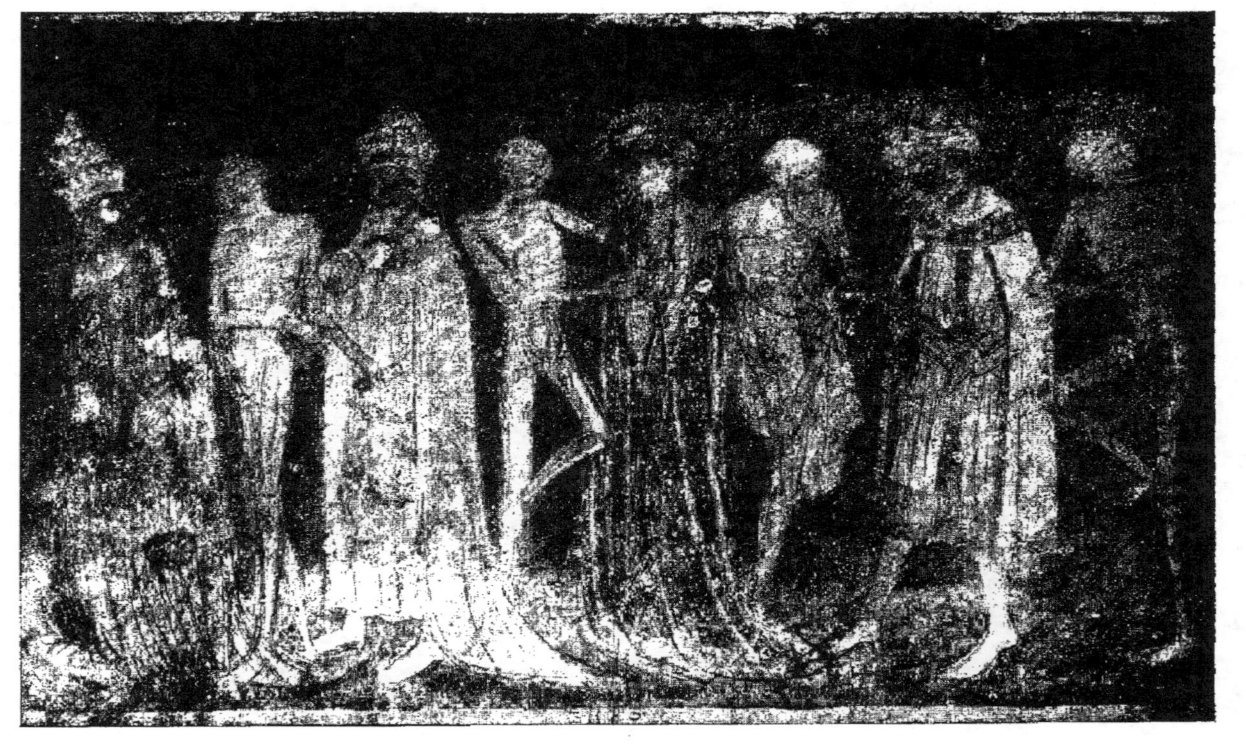

Première fresque. — I.

(Cliché A. Vicard).

est le preux Charlemagne ! » de ces huitains mélancoliques où le poëte a rappelé tout ce que renferme de fatalité le destin des hommes, à quelque point des sommets de l'histoire qu'ils appartiennent.

OU L'ON VOIT MAITRE FRANÇOIS VILLON

L'état de dégradation de la seconde fresque nous prive de deux figures et rend à peu près insignifiants le vif en robe et le mort désormais en tête de cette série.

L'intérêt reprend avec le personnage suivant. La plupart des autres ont l'allure de gens qu'absorbe le train-train de la vie, en contraste avec l'action des morts dans les os de qui pétille le phosphore. Celui-ci est un irrégulier qui s'attendait à l'attaque, habitué qu'il est à finasser chaque jour avec la camarde. Voyez-le, tête baissée sous le chaperon débridé, les mains hors des manches à ballon, qui fait mine d'implorer le bourreau ; en réalité il épie le moment où, sa ceinture se rompant sous l'effort, il pourra lui fausser compagnie. C'est Villon, poëte et truand.

Tout à côté un mort trépigne d'impatience.
Au fait, cette chanoinesse à bonnet cylindrique
dont le voile à pompons retombe comme un
manteau, ne dirait-on pas qu'elle feint de prier
pour gagner du temps, à l'exemple de dame
Barbe-Bleue?

Le bel homme d'un port plein de noblesse
dans son pourpoint à larges manches et ses
bottes rappelle ces marchands cossus dont les
ancêtres ont lutté pour les franchises commu-
nales. Il revient de par delà les monts vers la
ville dont il est peut-être consul, souriant dans
sa barbe rousse en sentant peser l'escarcelle à
son côté... Mais quelqu'un lui frappe l'épaule et
dit : « Par ici, l'ami ! » C'est le grand routier
nu qui, de son bras tendu, lui ordonne de
rebrousser chemin.

A la suite, un fantôme, très averti celui-ci de
la psychologie féminine, se met en frais de
coquetterie à l'égard d'une jeune veuve qu'il a
entrepris de consoler. La dame de ses pensées
minaude, la main sur le cœur, et rêve déjà de
demander à son nouvel ami un de ces hennins
monumentaux en si grande vogue depuis que
le carme Thomas Connecte en a fait des bûchers
en Flandre. Il faut voir le grand diable relevant,

de son bras en profil de faux, son suaire pour
cacher sa face, s'ingénier à lui débiter des dou-
ceurs qui ne sentent pas trop le cadavre...

Un sergent parade, la taille bien prise, le
poing à la hanche, portant la verge aussi fière-
ment que s'il tenait la propre main de justice
du roi. Le mort passe, chargé de tous pouvoirs
de police, un mort vu de dos qui continue à
marcher et se contente d'allonger le bras vers
lui sans regarder en arrière, sûr de sa puissance
— un confrère qui ne connaît que le règlement.

Enfin, tout au bout de la fresque se passe une
scène d'un haut comique. Un frère lai, bonne
face rondelette de campagnard sous le capuchon
pointu, fait la sourde oreille. L'autre se tord de
rire, la tête renversée à toucher les omoplates, et
en perd son linceul, tellement l'amuse l'attitude
hébétée de cet homme que la routine du couvent
aurait dû familiariser avec ces sortes de choses.
Il ne l'a jamais vu si sérieux et raide sous le
froc et n'ignore pas que de gros péchés lui
encrassent l'âme. C'est le moine que les fabliaux
ont mis à la mode, au nez précieux comme un
rubis, aux lèvres grasses de tant de franches
lippées, qui tient boutique de fausses reliques
et tourne les maris en dérision.

Un frère mendiant à mettre en vers égrillards,
un bourgeois à voler, le guet rossé, des femmes,
la mort, n'avais-je pas raison de dire que c'est là
tout Villon ?

LA FRESQUE DU DAMOISEAU

La troisième partie de la danse, qui renferme les morceaux les plus pittoresques et
dont la pensée, après tant de notations particulières, s'élève à la fin jusqu'à la grande humanité avec une aisance admirable, débute aima-
blement par un damoiseau. Avec ses cheveux
blonds très bouffants, l'ovale fin de son visage, sa
pose qui fait valoir l'habit en corselet d'insecte,
les manches à oreille d'éléphant et l'élégance
des chausses à la poulaine, il sent le jeune
homme de race. D'une main, il fait le geste de
qui rappelle un faucon et de l'autre tient un brin
de myosotis, jeux de son âge. Mais soudain le
mort agite la crécelle (1) et lui montre la terre,
dont les fleurs cachent les tombes.

(1) Cet instrument servait aux lépreux pour faire connaître
leur présence. On lit d'autre part dans une lettre d'Abélard
à Héloïse sur l'établissement d'une règle monastique : « Si une
malade approchant de sa fin tombe en agonie, aussitôt une

Après ce bachelier, un personnage austère —
un de ces Sorbonistes envers qui Rabelais
débordera d'irrévérence. Les jambes écarquil-
lées, les mains confortablement installées dans
le scapulaire, il médite avant de se servir de
l'écritoire et du parchemin qui pendent à sa
ceinture. Mais l'autre veille et, d'un coup de
poing enfonçant sa toque, fait du savant un
grotesque qui ne voit pas plus loin que le bout
de son nez.

Le même mort, des plus affairés, ne prend
pas le temps de se retourner pour empoigner
cette méchante proie que constitue un troubadour. Celui-ci, vêtu, avec la médiocrité qui sied
à un artiste errant, d'une tunique à ceinture
basse et à manches étroites, y était allé de sa
chanson et en attendait le prix, tout en prenant
un air avantageux sous l'énorme chapeau
cabossé. Mais il lui faut lâcher pour toujours
son rebec, qui est une manière de citrouille
coupée en deux.

Décidément, c'est le coin des intellectuels.
Montrant son dos côtelé et son chapelet de ver-

de celles qui la garderont se hâtera de parcourir le couvent
avec la crécelle, et en l'agitant à grand bruit elle annoncera
la fin de la sœur. »

tèbres, ses fesses maigres, le mort détourne la tête pour cacher son rire, content de jouer une bonne farce au bénédictin. A voir la mine de l'érudit se renfrogner dans l'effort de la pensée, on le dirait aux prises avec quelque « somme » de théologie où tient la sagesse de plusieurs siècles. C'est aujourd'hui cependant qu'il va pleinement savoir. Le mort lui marche sur le pied pour le rappeler à cette réalité et arrache le signet du livre.

A peine cet ironique travail achevé, le maitre bouffon lâche l'esprit pour le terre à terre et le voilà trottant à la suite de Jacques Bonhomme. Le vilain se rendait aux champs. Coiffé d'une toque ronde dont les oreillettes rabattues laisseraient croire qu'il a mal aux dents, la blouse relevée aux hanches, les jambes serrées dans des guêtres, il chemine d'un pas lent, un sac sur l'épaule et une houe. Son visage aux regards bas et de poil inculte porte la tristesse de bien des générations. Le mort qui lui donne un coup de genou au derrière lui fait à peine tourner la tête. et c'est sans murmurer qu'il exécute l'ordre de jeter sa serpe, car, de toute cette rangée d'hommes, il est bien le seul à souhaiter pareille venue. ?

Un cordelier en prière, mains croisées en ailes d'ange au-dessus des manches de bure, est surpris à son tour. Le spectre qui attire à soi ce raffiné d'âme, prend aussi par la taille son grossier voisin « le coupeur de terre », et renversant un peu le torse, genoux ployés, s'apprête à réunir dans la fraternité du suprême dénuement celui qui se priva des joies du monde et le déshérité involontaire.

Puis l'être sans cœur ni entrailles se baisse pour voler un petit enfant assis sur le sol et emmailloté de bandelettes, sur qui pèse le péché originel. La silhouette macabre, quoique très effacée, garde quelque chose de sa vigueur primitive ; son bras masque ses traits et elle ramène son suaire sur le ventre. Ainsi courbée, elle allonge la patte vers sa proie avec ce geste circonspect, presque caressant, du chat qui va griffer. Notre peintre a condensé là, en une image d'une terrifiante simplicité, tout ce que la mort porte en soi de mystère et de traîtrise.

Si admirable que soit cette figure au point de vue du sentiment, elle n'ôte rien de l'intérêt artistique du mort suivant, qui plie sous le cercueil où il clouera le personnage nébuleux, clerc ou femme, qu'il tire par la robe.

Une telle œuvre ne pouvait finir avec banalité; et l'artiste, au lieu de sacrifier à la symétrie en terminant sur deux personnages, a arrêté la fresque au dessin d'un mort. C'est là un trait de génie et il est fort regrettable que le temps en ait aussi troublé les contours. Cette figure seule appelle inévitablement à l'esprit l'image d'un vif, mieux : de tous les vifs à venir, et ce geste en coup de balai, qui commande aux générations futures de se joindre au cortège, devient un ordre pour le passant lui-même et le force à se voir en chair et en os lié par la loi irrésistible à tous ceux-là qui furent ses ancêtres.

Mon père est mort, Dieu en ait l'âme !
Quant est du [quant au] corps, il gît sous lame [dalle]...
J'entends que ma mère mourra,
Et le sait bien, la pauvre femme !
Et le fils pas ne demourra [demeurera].

(VILLON : Le Grand Testament).

LA TECHNIQUE

LE DESSIN

Le mort — à tout seigneur, tout honneur — ne se présente pas sous l'aspect d'un squelette et se rattache à un type alors courant de momie.

On a trop répété que la défense d'étudier l'anatomie par la méthode scientifique a porté un grave préjudice à l'art de ce temps. S'il est vrai que la dissection, qui répugne au sentiment, est à ce point abhorrée qu'en plein xvi⁰ siècle même elle rendra justiciable de l'official le chirurgien André Vésale, du moins convient-il de se rendre compte que l'art n'est pas fatalement tributaire d'une étude rigoureuse de l'ostéologie et du système des muscles, comme le donnerait

à croire un Verrocchio. L'observation ordinaire
y supplée fort bien et les moyens de se rensei-
gner de près ne manquaient pas aux gens d'alors.
Rappelons-nous qu'on fréquentait beaucoup
le cimetière : les moines y prêchaient, les marchands plantaient leur tente entre les cyprès aux
jours de foire, les mendiants et certaines dames
qu'on trouve partout où il y a gain s'y dispu-
taient la faveur du public — c'était un peu le
forum du Moyen-Age. Une promenade au charnier de la ville, ou encore à la campagne sous les
danses macabres au naturel des gibets, n'offrait
donc à l'artiste que l'embarras du choix. La raison qui s'oppose à cette époque à la représentation du squelette est plus simple ; et la difficulté
non seulement de le dessiner en ses multiples détails mais en quelque sorte de l'animer a fait re-
chercher une image intermédiaire, assez près des
formes de la vie, quoique pas trop loin non
plus du dernier état du cadavre afin de garder
quelque chose de son épouvante.

A chacun d'ajouter, par son savoir personnel,
à ce type de convention. Certains ne manquèrent
pas de brutaliser l'âme du public en prenant Job
pour modèle ; mais le goût de l'imagier de la
Chaise-Dieu ne s'accommoda pas d'un tel réa-

lisme et son mort est traité avec un souci de l'élégance d'où lui vient toute sa vigueur.

C'est une créature aux membres décharnés, dont le ventre se serait un peu flétri sous l'action des tampons imprégnés de bitume, de myrrhe et d'aloès, mais dont la poitrine conserve un développement quasi normal. Sa qualité de cadavre est définie par les caractères essentiels : le crâne est d'un contour irréprochable ; les saillies de la cage thoracique, indiquées au trait, ne tombent jamais dans le défaut du parallélisme ; le jeu des vertèbres est fait d'un rien spirituel.

Cette nudité devient plus tragique encore lorsqu'elle se revêt d'un bout de suaire qu'un bras relève en aile de chauve-souris, qui glisse sur l'échine ou tombe en pointe sur les cuisses. Ce lambeau de toile, raidi par le salpêtre de la tombe, introduit là un élément d'austère brutalité qui contraste avec le confortable ou le luxe du costume des vivants : c'est la mort dans sa pauvreté.

Les vifs portent aussi la marque de ce savoir-faire. Comment s'étonner de l'exactitude de leur pose placide, quand nous avons vu la maîtrise du peintre dans l'expression du mouve-

ment endiablé des morts? Les têtes surtout sont
intéressantes. « Bàties » solidement et avec cette
qualité de trait qui suit les exigences du modelé,
un air de vie les individualise si bien qu'on
croirait à des portraits de contemporains. Les
mains, indiquées en un tour de pinceau, rap-
pellent parfois la science de simplification des
vieux aquarellistes du Japon — par exemple
chez le cordelier en prière — et les pieds sont
d'une exécution encore plus sobre. De même,
dans cette curieuse histoire du costume au
xve siècle, aucune des minuties naïves du
primitif qui encombrent l'attention. Les plis
d'étoffes sont arrangés avec choix — on le voit à
la robe du bénédictin — et lorsque le dessinateur
glisse un détail, c'est toujours celui qui particu-
larise le mieux le personnage : l'important sergent aura des fleurs de lis à sa tunique, le damoiseau portera en sautoir un médaillon pour
mèche de cheveux, deux ou trois déchirures à
la braie du vilain évoqueront la vie de martyr
du taillable et corvéable à merci.

Une pareille technique pourrait encore servir
d'exemple à notre temps. Il faut avoir étudié sur
place cette simplicité de facture qui, si souvent,
parvient à inscrire un mouvement dans une

combinaison géométrique : bras en crochet et triangle des jambes de certains morts, emploi de l'ove pour les thorax, vêtements en rectangle ou en profil de cloche. Une religieuse admiration vous prend devant le mort à l'enfant : le raccourci du dos est fait d'un seul jet en façon de parabole, et un rond au milieu du triangle que le bras gauche replié forme avec l'épaule droite figure le crâne. Dans cette même fresque, le damoiseau est-il autre chose que la solution d'une sorte de théorème? Étant données trois portions d'oves, faire avec l'une un visage et les deux plus grandes un justaucorps ; avec quelques lignes droites dont la principale, double de chacune des autres, est perpendiculaire au sol, faire des chausses; prendre deux angles aigus pour les manches.

Je grossis afin de mieux définir la manière. mais il ne faudrait pas, à l'encontre de mes prémisses, conclure que l'aspect de ces personnages se rapproche du mécanisme d'un pantin. A tout ramener aux exactes proportions, je dirai que cette façon de fixer l'essentiel d'une attitude tient à la fois du travail d'ébauche et des principes de la stylisation : un rien modifie la figure élémentaire et lui communique la vie.

Le mélange donne à l'ensemble un caractère de franche hardiesse.

Que le procédé soit toujours exempt d'un brin de raideur serait sans doute trop avancer. Sincèrement même, je regretterais pour ma part de ne pas trouver çà et là dans la facture ce quelque chose qui date l'œuvre et nous rappelle soudain que bon nombre d'images de ce temps donnaient encore dans la gaucherie des poses hiératiques. Ici, à peine sensible, c'est un charme de plus que ce goût de terroir du passé. Restons donc sur notre enthousiasme.

Je sais bien qu'on pourrait me citer l'autorité de Mérimée pour en rabattre. A mon avis cet écrivain, jugeant de la valeur technique de la fresque, a commis une hérésie, si grand soit-il par ailleurs. Quand il se choque des « repentirs » qu'on y voit, au point de conclure à l'infériorité de l'artiste, il oublie d'abord qu'un esprit soucieux des formes multiples de la vie n'arrête jamais le dessin de son « bonhomme » avec la sévérité de lignes d'une statue et rectifie le mouvement au cours de son travail. Ce n'est pas plus une faute que ne le sont les différentes projections du même acteur sur l'écran du ciné-

matographe. C'est ainsi que bien des artistes
tiennent à honneur de laisser subsister ces traits
dans leurs esquisses, marques d'un respect sincère de la nature qui permettent au curieux
d'art de suivre pas à pas le travail de création :
d'où l'intérêt des manuscrits d'un Léonard de
Vinci et des sanguines d'un Watteau.

Chose plus grave, l'auteur des *Notes d'un
voyage en Auvergne* méconnait en outre par là
les conditions de la fresque au Moyen-Age.
C'est au temps de Raphaël que, pour plus de
justesse et de rapidité, on se servira de cartons
poncés. Ceux-ci, dont le dessin était criblé de
trous d'épingle, s'appliquaient sur l'enduit frais
et on passait dessus de la poudre à décalquer
avec une éponge. L'opération laissait sur le
mortier un tatouage qu'on reprenait au pinceau. Mais jusqu'au xve siècle inclus l'artiste
ne se guidait que par des croquis jetés sur
parchemin et composait à même le crépi.
Le prompt séchage de l'enduit l'obligeait à
laisser telles quelles les traces de ses recherches.
Toutefois, en dernière analyse, comme ces
repentirs, qui sont le charme d'un premier jet,
ne conviendraient pas à l'œuvre définitive, le
dessinateur se servait d'une deuxième couche

de chaux pour harmoniser le tout : il y coulait ses teintes en glacis, ravivait en même temps les lignes du dessous qu'il désirait garder et masquait les autres sous un léger empâtement afin de les retoucher à l'aise. L'œuvre y gagnait en vie, puisqu'on avait de la sorte l'original au lieu d'une copie, et le spectateur n'apercevait plus ce qui déplaisait tant à Mérimée à cause de la disparition partielle du second enduit.

En présence d'une telle erreur de la part d'un critique d'ordinaire très avisé, on devait s'attendre à ce que d'autres, d'un rang moindre, vinssent y ajouter les fantaisies de leur incompétence.

Je ne m'arrêterai pas à ces faiseurs de reconstitutions sur le papier qui, sans crier gare, rafistolent les personnages un peu effacés pour que le bon public les voie mieux. Ils vous plantent un crâne à droite quand le mouvement du corps l'exigerait à gauche, ou bien posent sur le rebec la jambe de soutien du troubadour sans se rendre compte qu'on tomberait à moins et que celle-ci est vue « par transparence », en raison de ce que le vieux maître, pour plus d'exactitude dans la pose, a mis en place tout son personnage avant de dessiner cet accessoire. Grâce à

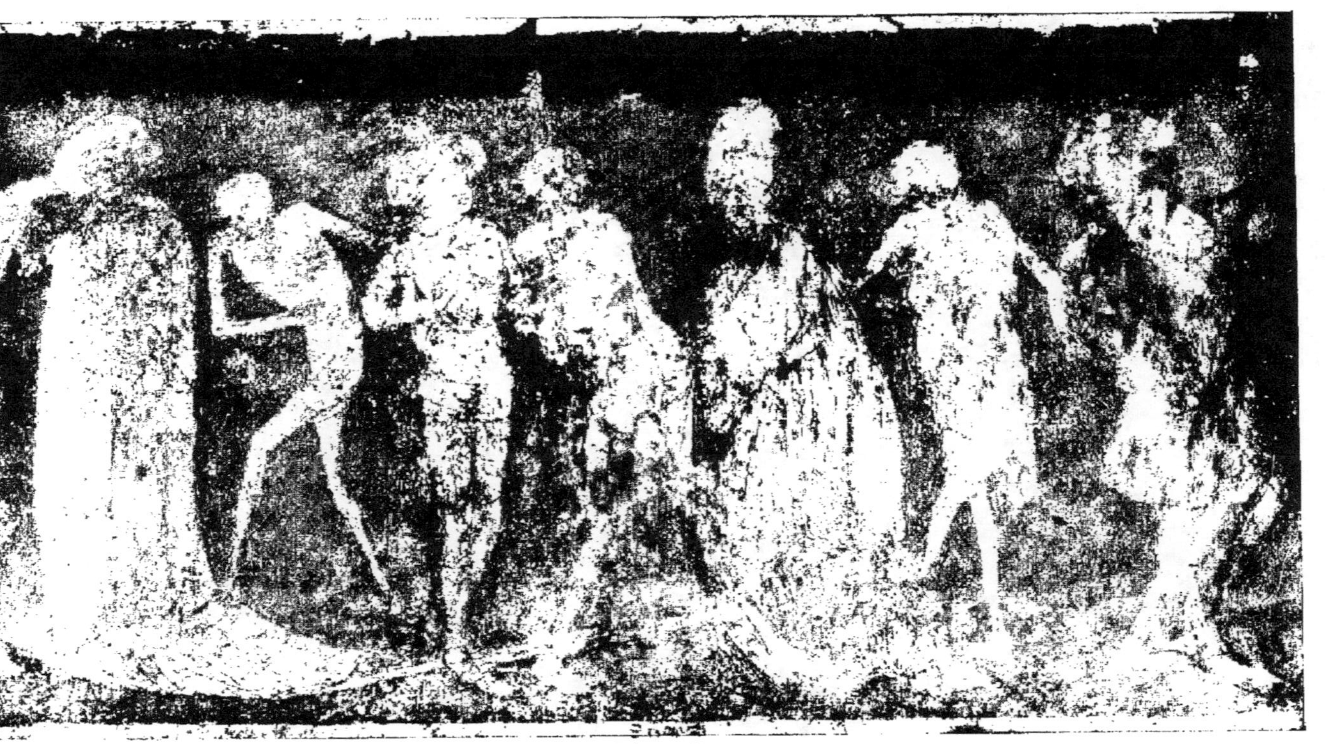

Première fresque. — II.

(Cliché A. Viand).

eux encore le sens du dernier mort, d'une importance capitale, est entièrement dénaturé. Bien
que cette sorte de reproduction authentique
coure le commerce, au fond les bévues de ces
gens-là ne désobligent qu'eux-mêmes.

Mais que dire du criminel d'art venu à la
Chaise-Dieu pour maculer la fresque? On lui
doit les cernes grossiers à la pierre noire qui
font que certaines figures ont l'air de porter leur
propre deuil, des bosses de crânes, des gri-
bouillages d'omoplates, les pieds en griffes de
diable alors qu'ils devraient être tous « à la poulaine » même ceux des morts, les ignobles
reprises de la serpe du paysan qui en sup-
priment la perspective, que sais-je encore? Le
mal est grand, car il faut une attention sou-
tenue, bien difficile dans ce demi-jour, pour
retrouver la ligne primitive, intelligente.

Le pire méfait du raté anonyme est d'avoir
faussé la signification du groupe du marchand,
en adaptant, à la tache en forme de main qu'on
aperçoit sur l'épaule du vif, un bouffant de
manche imité de celui du damoiseau, pour
représenter un geste de surprise indignée :
« Moi aussi?... Tu ne m'as pas bien regardé! »
En réalité, le bras droit de ce personnage

était primitivement caché par l'oreille à la chien de chasse de la manche, et la main appartenait à la figure nue qui précède. Pour compléter le sacrilège, on a changé la direction du bras gauche du mort et dessiné, au bout, des doigts en façon de gant neuf qui laissent croire que le fantôme prend le marchand bras-dessus bras-dessous. Jamais l'élégant artiste du xve siècle n'aurait consenti à tracer ce membre auquel il manque plusieurs centimètres pour être en proportion, et on peut s'assurer au contraire que l'espace compris entre le coude du mort et la tache sur l'épaule du vif donne l'exacte mesure de mon interprétation. Comble de fatalité, le peintre officiel chargé de rétablir en certains points la couleur éraillée par les inscriptions des visiteurs, trompé par ces lignes et ne retrouvant plus trace des véritables, les a limitées par le fond rouge, ce qui prête désormais apparence d'authenticité à l'imposture. A défaut d'autre précision, il aurait dû s'apercevoir que le mécanisme des muscles et des os exigerait en ce cas un thorax à l'état normal, alors que celui du mort se dilate comme il arrive quand on lève le bras.

Je ne me laisserai pas entraîner au jeu des

reconstitutions à outrance. Je me devais cependant de signaler ce que beaucoup eussent tenu pour défaillance de main du primitif et de prévenir par là les erreurs d'interprétation sur sa pensée, en rendant au marchand l'attitude distraite de l'homme encore tout au calcul d'affaires, ainsi qu'au plus brutal des morts le sens de rude familiarité qui complète son geste de commandement.

Qui hésiterait encore, après cela, à reconnaître à l'artiste de la Chaise-Dieu la conscience et le savoir mêmes, oublierait le propre aveu du maître à ce sujet. Il a en effet laissé, de son souci de la perfection, une preuve matérielle définitive sur cette bande de ciment rosâtre et salie qui s'étend sous la première fresque. Les indications de bas de vêtements qu'on y retrouve nous le montrent recommençant tout son travail de mise en place plutôt que de se contenter d'à peu près, recouvrant de mortier, aux trois quarts de leur dimension. les personnages déjà esquissés pour les remonter jusqu'en haut du mur, afin d'obtenir un meilleur éclairage et une vue d'ensemble que ne gâterait plus le va et vient des hennins des paroissiennes.

Un tel soin dans un aussi humble détail confirme la qualité du reste. Cela vaut une signature.

LA COULEUR

On se souvient de ce mort de la troisième fresque qui la termine si pleinement. Cette trouvaille, d'une élévation de pensée à donner le vertige de l'infini, résume avec tant d'originalité la portée morale de l'œuvre que, sans plus, je résisterais déjà à ceux qui veulent voir dans les peintures des piliers un travail de la même main, reliant les trois compositions pour en faire une procession ininterrompue.

Comme on distingue encore de vagues tracés sur les quatre piliers engagés dans le mur de la danse, certains ont imaginé en effet que notre peintre avait commencé par une évocation d'Adam et d'Ève, à l'exemple des sculptures de l'aître Saint-Maclou à Rouen. Pour finir, on voyait la propre effigie de l'artiste en train de dérouler le parchemin qui portait les croquis de la danse et le royal gueux s'oubliant jusqu'à frapper son peintre ordinaire.

Je suis convaincu que quelqu'un a cru bon d'ajouter ces motifs à l'œuvre première et son inspiration montre autant de différence qu'entre Guillaume de Lorris écrivant le *Roman de la Rose* et Jean de Meung le continuant. D'abord, la scène de la Genèse, loin d'être utile à une action toute réaliste, y prend l'air de froideur d'une allégorie et la plupart des danses ont su se passer de la formule qui la rappelle :

> Mort, qui viens de mors [morsure] de pomme,
> Prime [d'abord] en femme et puis en homme.....

Quant au portrait de l'artiste au bout de l'ouvrage, pour piquant qu'il soit, il n'atteint pas à la puissance de pensée et d'émotion qui caractérise le dernier mort. Bref, ces deux groupes sentent leur homme qui se travaille pour faire mieux que le devancier et révèlent tout l'écart qu'il y a entre le métier et le talent. Je ne m'attarderai donc pas à la psychologie des autres.

Le désaccord se continue au point de vue technique et il tombe sous le sens commun qu'un praticien sincère ne se résoudrait pas à quitter une méthode solide pour une manière de fortune. La composition des piliers a été peinte à l'huile sur un encollage ou « mordant », mélange d'huile de lin cuite et de vernis. Ce procédé était surtout en usage dans les pays de

race germanique; aussi, rapprochant de ce fait
la présence sur un des piliers d'un prédicateur
en chaire analogue à celui de la danse du
Grand-Bâle, il n'est peut-être pas indifférent de
se souvenir que le monastère de la Valdieu, en
diocèse bâlois, dépendait de la Chaise-Dieu.
Cette pratique facilitait de beaucoup l'exécution
et donnait des tons très brillants, mais n'avait
pas souci du lendemain. Le lendemain est là,
c'est-à-dire qu'il ne reste plus qu'un brouillard
coloré de cette besogne d'amplificateur aléma-
nique un peu jalouse du pur travail français.
L'ouvrage de la cloison du chœur témoigne au
contraire d'un autre procédé, le seul qui con-
vienne à la décoration murale. L'artiste, après
avoir dessiné « l'histoire » sur le crépi frais avec
un pinceau chargé d'une couleur bistre, tour-
nait par-dessus à la douve une mince couche de
mortier plus fin qui recevait les teintes d'aquarelle — presque toujours des terres mêlées à cette
chaux purgée qu'on appelait blanc de Saint-
Jean. On conçoit qu'une telle peinture s'incor-
pore à la pierre qu'elle orne; elle en a l'aspect mat et participe à sa durée. C'est la
fresque proprement dite.

Peu s'en fallut, par surcroit, que la danse pri-

mitive ne disparût sous un replâtrage dont je
soupçonne le même étranger d'avoir eu l'idée.
Un tantinet surpris, sa besogne achevée, de
l'effet décoratif résultant du voisinage de ses propres couleurs, où dominaient la laque et l'ou-
tremer, avec celles du mur, ocres jaune et rouge,
il résolut de se surpasser en repeignant l'œuvre
d'autrui pour la mettre en rapport avec les exigences de ses piliers crûment historiés. Notre
brave Suisse-allemand du couvent de La Valdieu, dans sa conscience un peu épaisse, comprit
que l'huile ne convenait pas à l'entreprise et,
pour respecter la manière de son prédécesseur,
ne trouva rien de mieux que la peinture « à
tempera ». Au fond, c'était bel et bien en rester
à ses habitudes personnelles, puisque, à part
l'emploi de couleurs broyées au jaune d'œuf
mélangé d'un peu d'eau et de lait de figuier, il
s'agissait là encore de travailler à sec, en « recouvrant ». Les peintres à fresque, eux, ne se
servaient jamais que très discrètement de ce
trompe l'œil, pour les retouches de même teinte
que le dessous, car il ne les satisfaisait ni par
la franchise ni par la solidité des tons. En
revanche, les artistes ordinaires aimaient en lui
la possibilité de corriger à l'infini, de continuer

l'ouvrage de la veille dans une valeur égale et sans crainte des « coutures », enfin d'user d'une plus riche palette. Bref, la peinture « à tempera » est à la fresque ce que la gouache est à l'aquarelle sur papier. Le hasard voulut que dans cet essai ce fût aux manteaux du pape et du cardinal à recevoir la sauce. Or, ces personnages une fois passés au rouge, logiquement on devait changer le fond, sous peine de confusion, et ainsi du reste : un vrai gâchis ! Dieu merci, notre homme, sentant obscurément qu'il n'en fallait pas davantage pour aller tout droit en enfer, s'en est tenu là de sa fâcheuse inspiration.

Je regrette de porter ainsi atteinte à la poétique rêverie de ceux qui, sur la foi de ces figures, et influencés par l'image du moine enlumineur du dernier pilier, estiment que l'état actuel de la danse est une ébauche laissée inachevée par la mort soudaine du peintre. Avec ce que nous savons déjà de la technique, il vaut mieux supposer que le salpêtre, la poussière et ce microbe qu'on appelle l'homme, ont eu raison à la longue de la feuille de mortier coloriée qui complétait le dessin. Il en est resté cet aspect un peu farineux qui voile la fresque et nous ne possédons plus que le premier travail sur crépi encore légèrement imbibé de couleurs, sorte de réplique affaiblie de l'œuvre totale.

Je crois d'autant mieux à des teintes définitives, et non à une « préparation » analogue aux raffinements des dessous d'un tableau moderne, que *Le dit des trois morts et des trois vifs* de la chapelle de Kermaria-Nisquit dans les Côtes-du-Nord, qui date de cette époque et procède du même esprit, présente des personnages et un sol faits de cet identique jaune se détachant sur du rouge. Devra-t-on conclure là aussi que le peintre a été surpris en pleine activité par la camarde? Une telle fatalité eût découragé depuis longtemps les moins superstitieux d'entreprendre ce genre de représentation.

En réalité, le choix des deux ocres ne s'expliquerait-il pas par des considérations de métier et surtout d'ordre religieux? Ces couleurs ont pu devenir la formule d'un atelier en raison de leurs précieuses qualités : elles couvrent bien, ne bavent pas et perdent très peu de leur valeur en séchant; peut-être aussi leur rapprochement plaisait-il à l'œil comme le contraste du rouge et du vert dont abusa le XIIe siècle, du bleu et du rouge chez la plupart des primitifs. Je ne m'autoriserai pas cependant du dit de Kermaria pour prétendre que ces teintes étaient de convention pour tous les sujets de ce genre, puisqu'en cette même chapelle où il est peint on voit une danse sur fond ardoisé avec des bonshommes rougeâtres. Je me dois toutefois de signaler l'attrait qu'il y avait pour des esprits aussi pénétrés de symbolisme que ceux du temps, à rendre sensible le « memento quia pulvis es », en peignant les vivants comme les morts couleur de cette terre où ils retournent (soit jaune, soit rouge), ainsi que la pensée d'au-delà en les silhouettant sur un horizon de flamme ou de nuit. Je me réserve d'en traiter plus avant quand j'examinerai le fond même de l'œuvre, car il m'apparaît que nous possédons dans ces deux exemples les seules variétés de teintes admises en la matière, du moins une fois le genre à son apogée (1).

(1) Il convient en effet de signaler l'absence de cette préoccupation dans deux miniatures de dits funèbres, appartenant à la fin du xiii⁰ siècle et au début du xiv⁰, dont il sera question plus loin ; on y voit bien des morts jaunâtres, mais les vifs sont vêtus de rouge et de bleu, avec chausses violettes, sur fond incolore.

Il n'en est pas moins vrai que la mystique du Moyen-Age emploie fréquemment le symbolisme des couleurs. Ainsi

Bien loin qu'il résultât de la fadeur de tant de personnages passés au jaune, il est juste de constater que cette sobriété concourait à la perfection d'un aussi mâle sujet. Ce n'est pas de la peinture pauvre, car l'ensemble prenait au contraire l'aspect doré des feuilles d'automne. En effet, le ton plat général une fois mis sur le second enduit et avant qu'il ne fût sec, le peintre rehaussait quelques parties des vêtements par une coulée d'ocre plus sombre, très nette encore sur le costume du roi, et avivait d'identique façon certains détails des visages, ainsi qu'on le voit pour les cheveux du damoiseau et la barbe du bourgeois à l'escarcelle. En vue d'harmoniser ces « rappels » de couleur épars, il renforçait, de la même brosse, la longue bande du sol où s'enlevaient dès lors en clair les jambes des morts et des vifs.

Pour ces raisons, je demeure convaincu que les trois fresques se suffisent, que leur créa-

L'ordre de chevalerie, poème du xiiie siècle, en donne un exemple curieux : dans la cérémonie d'investiture, le récipiendaire doit revêtir des chausses noires ou brunes pour lui « rappeler la terre d'où il est venu et où il retournera. »

Au reste, quand le miniaturiste n'exprimait pas le caractère religieux de la légende par un signe quelconque, il trahissait, nous le verrons, le texte qu'il illustrait.

teur, loin de vouloir une composition d'un seul développement, a décidé de rompre avec la monotonie d'un pareil cortège, en faisant quelque chose d'analogue à ces ouvrages peints ou sculptés sur trois volets alors si à la mode; c'est pourquoi je me suis servi plus haut du mot de triptyque.

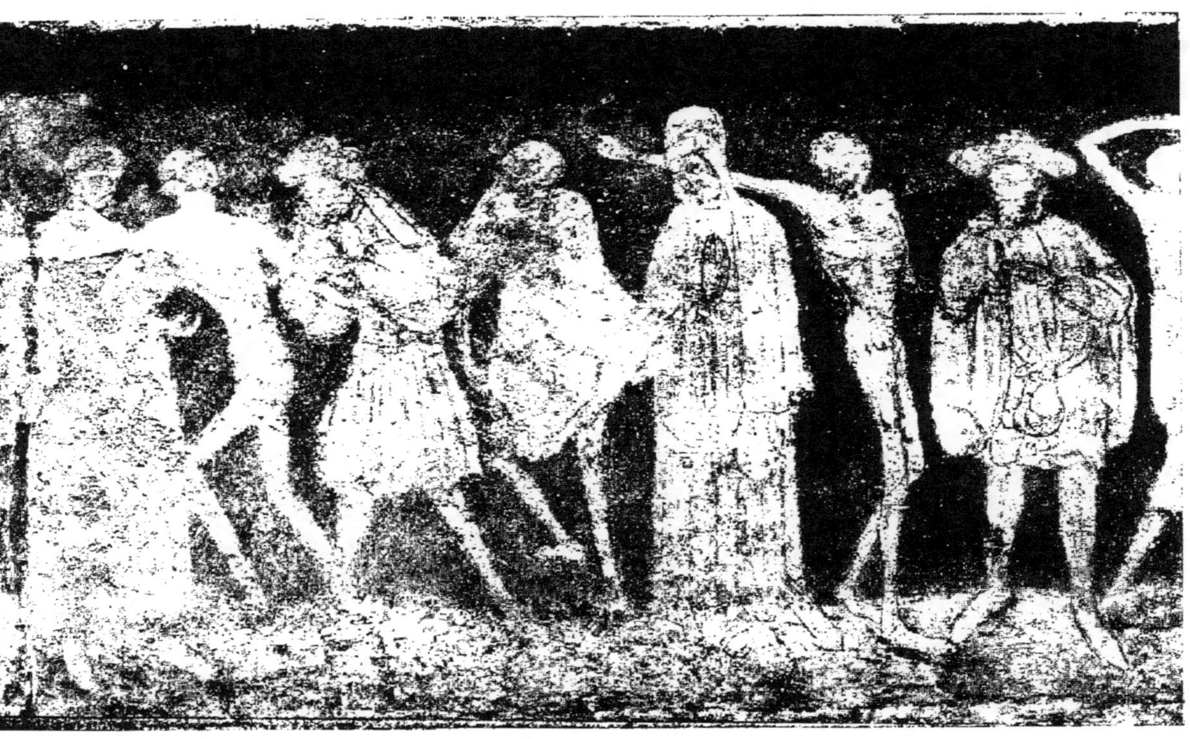

Deuxième fresque — I.

(Cliché A. Féaud).

LES RAPPORTS DU GENRE FUNÈBRE

AVEC LE DOGME DE L'ENFER

Il importe peu que nous ignorions le nom de l'artiste de la Chaise-Dieu : sa pensée appartient à l'Église.

Il faut qu'à des temps de brutalité corresponde une sanction métaphysique qui fasse trembler la chair et l'âme, car comment la seule promesse d'une éternité de joie suffirait-elle à ramener au bien quand les entreprises de l'instinct mènent le monde ?

Le bas Moyen-Age s'entend à raffiner là-dessus. Dans sa mise en œuvre des vérités premières, le prédicateur tient compte des suggestions de l'actualité. Or il n'en est pas de plus capable de servir ses fins que la sorcellerie.

Cette manière de science nocturne, qui prétend révéler par le moyen de l'expérience bien des secrets de l'au-delà, fait de nombreux adeptes chez le peuple, dont elle flatte les pires passions en même temps que son goût du surnaturel. Le directeur de la conscience publique, craignant de rendre sa leçon insuffisante en restant en deçà des imaginations outrancières du sabbat et de la magie noire, n'hésite pas à canaliser à sa façon le merveilleux infernal. Dans ce travail épineux il a pour lui l'ardeur de sa foi, son savoir de dialecticien et le sentiment qu'il contraint l'hérésie à une sorte de restitution, au profit de la doctrine, d'éléments qui pour avoir été dramatisés par des ouvriers d'iniquité n'en sont pas moins d'une origine nettement canonique, condensés qu'ils sont dans la formule : « C'est là qu'il y aura des pleurs et des grincements de dents ». Il centralise donc les bruits de la rue, prend des notes dans les archives des tribunaux, meuble ses sermons selon la mise en scène judiciaire du temps. De là les minutieuses descriptions de la chute de l'âme du méchant par la trappe de la tombe, de sa vie souterraine au milieu de cette belle société qui, de l'aveu des sorciers, ne se gêne guère plus sur terre que

si le procureur au Châtelet n'existait pas ; et, de
l'éloquence truculente et caustique de la chaire,
elles passent à l'état de lieu commun dans le
domaine de l'art. Pour tout dire, la sorcellerie,
en ajoutant une multitude de détails au fond
trop sobre à son gré du thème religieux primitif,
a fait, en sens inverse, le même travail d'enri-
chissement que certains *Évangiles Apocryphes*.

C'est ainsi qu'en église d'importance la Chaise-
Dieu avait son enfer. Au bout de ce même collatéral où se trouve la danse, sur le plein du mur
qui précède la chapelle de la Vierge, la damnation éternelle était représentée d'un pinceau
naïf. On y distingue encore confusément un
reste de Géhenne figurée par une tête de cra-
paud, noire, à gueule rectangulaire faite d'une
sorte de boudin rouge et gris. Un grossier rin-
ceau forme un œil sanglant d'où sortent des
flammes en lanières ; et, entre des crocs de bou-
cherie et des langues de serpent, un petit bonhomme jaune fait fonction de damné, accroupi
près de deux diables hérissés d'ailes, de cornes
et de fourches.

Nous touchons là au danger d'un procédé
sorti de la veine populaire. Si en effet le sens
du pittoresque sait donner du prix aux orne-

ments dont on entoure le dogme de l'enfer, il
arrive aussi que le détail, tombé dans la platitude de l'exécution, risque d'en affaiblir la portée, à l'encontre de ce qu'on se proposait, jusqu'à
ne plus laisser d'autre impression qu'un bas
matérialisme quand aucune image d'espérance
ne lui fait opposition. C'est la revanche de la
sorcellerie et l'art y est exposé plus qu'un sermon. Les peintres de sujets macabres le senti-
rent. Aussi lorsque tout le monde autour d'eux
courait à la folle enchère en démonographie, ils
s'avisèrent de ramener le thème du châtiment
à sa simplicité évangélique. L'histoire de l'art
n'offre pas de plus belle audace que cette conception du genre funèbre. Le mystère du lieu
d'expiation est retrouvé dans l'absolu de sa
force et la pureté de son orthodoxie, et il a suffi
pour cela de tout supprimer de ce qu'on recher-
chait précisément avec tant d'âpreté, de rendre
uniquement par la couleur la substance métaphysique du sujet, en suivant les indications
picturales de « ténèbres extérieures » ou de « feu
éternel » qu'on trouve dans les Écritures (1).

(1 Rappelons ici que les deux miniatures déjà citées du dit
des trois morts et des trois vifs ont rejeté la représentation
de l'idée d'enfer, explicitement contenue cependant dans les

Je ne saurais trop toutefois le souligner : un tel procédé n'était possible qu'en raison même de l'excès contraire, sous peine de ne plus rien signifier de précis au regard du commun. Quand des archéologues crurent que le maître de la Chaise-Dieu s'était soucié de la peinture en détrempe dont je viens de parler, et assurèrent que les morts de sa danse entraînaient les vifs vers cette vision archaïque parce qu'elle donnait la signification véritable de son propre travail, ils se méprirent. Oui, la suprême menace de la damnation, seule capable de dompter des temps à ce point endurcis qu'ils eussent — j'emprunte un mot de frère Olivier Maillard — « tiré du sang d'une pierre », est la conclusion obligatoire de la moralité peinte. Mais après tant de spécialistes appliqués à en rendre le détail, il n'était plus besoin d'insister lourdement sur la notion d'enfer et elle se trouvait là, toute vive, dans les êtres de cette fresque aux prises avec le sort universel, sur ce fond d'éternité rouge. Chacun, saturé de ce dogme, l'y sous-entendait

poèmes qu'elles illustraient, au point de ne plus répondre aux nécessités du genre. Mais les documents du XVᵉ siècle nous apprennent que les artistes de la bonne école surent faire passer dans la nudité d'un fond le reflet du surnaturel, de suite et pouvait peupler cet infini au gré de ses propres souvenirs d'art et de ses préoccupations. Le passant devenait donc le collaborateur direct du peintre.

J'entends bien : du moment qu'il y a vide, je puis y mettre moi-même ce que je veux, et certains objecteront sans doute que nombre de figures de la danse s'opposent de prime abord à ce qu'on introduise là le concept de la punition. Déjà pour Charlemagne, comment oublier que la tradition la plus répandue en fait un héros chrétien dont on a dit que « la légende a été une des formes de la foi médiévale (1) » ? Cependant, à côté de l'empereur de la nuit de Noël de l'an 800 et du pourfendeur de Sarrasins que les poètes idéalisèrent, y compris Dante, on trouve aussi dans l'histoire et la littérature un autre Charlemagne. Fut-il toujours en si grande odeur de sainteté, le bonhomme à la barbe fleurie, quand dix ans seulement après sa mort circule contre lui le récit de la vision du moine Wettin, du couvent d'Augie-la-Riche sur le lac de Constance, qui nous le montre en purgatoire, ayant compromis

(1) Camille Jullian : *La vie et l'étude des monuments français.* *Revue Bleue*, 6 janv. 1906.

son salut par ses mauvaises mœurs (1)? Le principe de sa condamnation une fois admis, d'une peine à l'autre il n'y a qu'un pas. Le schismatique Pascal III qui le canonisa au temps de Barberousse dans un but politique ne semble pas avoir rencontré partout créance, car, lorsqu'on voit un Louis XI décréter « peine de mort » contre quiconque ne reconnaîtrait pas le culte de Charlemagne, on est bien en droit de conclure qu'au xve siècle encore il reste beaucoup de gens de l'avis de Wettin.

Passons donc. Mais les personnages purement ecclésiastiques, surtout celui du pape ? Que des clercs sur le pavé, des enfants perdus comme Rutebeuf et Villon, des jongleurs à la solde des princes du midi prêcheurs d'insurrections politico-religieuses, aient pris plaisir à attaquer les gens de cloche, soit ; mais peut-on admettre qu'un moine orthodoxe juge bon d'étaler sur les murs de son église des images dont le sens tournerait contre son propre caractère sacré ?

La foi des vieux âges, dans sa rudesse, pense que le soin des âmes exige non de faire abs-

(1) Hetto, abbé du monastère, rédigea le premier cette légende que propagea plus tard Walafrid Strabon sous forme de poème.

traction du mal pour ne voir que le bien, à la manière des timides, mais de mettre ouvertement son énergie au service de la discipline. On sait que le droit féodal considérant les fonctions et les biens ecclésiastiques comme soumis aux mêmes principes de suzeraineté et de vassalité qui régissaient le monde laïque, des conflits avaient surgi de bonne heure, la majeure partie de l'Eglise comprenant que son autorité spirituelle relevait de son plein affranchissement du pouvoir temporel. L'antipape à la dévotion des princes du Saint-Empire romain germanique, le baron-évêque qui a acheté du roi de France sa cathédrale et en afferme les dépendances au plus offrant tandis qu'il continue à vivre en seigneur, restent les types par excellence d'un régime à quoi l'on devait l'intrusion, par voie de conséquence, d'une foule de clercs inférieurs plus préoccupés d'agir selon le siècle que dans le Christ. Au cours de cette interminable querelle des investitures, on ne compte pas les gens de l'école du pape Grégoire VII et de saint Bernard toujours prêts à lutter contre les simoniaques et les concubinaires qui, en persévérant dans le désordre, risquent de compromettre l'unité de l'Eglise et de troubler la conscience des fidèles. Les moines surtout se passionnent à « la chasse aux embusqués », pour employer un terme qui a fait fortune : ils popularisent en des sermons, poèmes et images le thème du mauvais prêtre de toute hiérarchie et de tout ordre que le Seigneur punit au jour de sa colère. Il arrive même que, une fois chauffé à blanc, le zèle des réformistes à servir un intérêt supérieur ne diffère pas, quant à son expression, des violences sacrilèges d'un hérétique ou des vulgarités d'un politicien — témoin le réalisme du pieux Giotto peignant dans son *Jugement dernier* de Santa Maria dell'Arena à Padoue un homme nu, mître en tête et bourse au poing, au milieu de femmes vendues au diable. Cette vieille tradition se retrouve dans son austérité jusqu'à la fin du XVe siècle, et la meilleure preuve que la pensée d'un enfer « où damnés sont bouillis » (Villon) est au fond de toute danse macabre, sans excepter aucun de ses figurants, nous est donnée par Commynes, au livre V, chapitre XIX, de ses *Chroniques de Louis XI et de Charles VIII.* Dans une longue tirade il s'en prend à ceux qui vivent selon la loi du bon plaisir, d'où procèdent tous les maux d'ici-

bas, et les sermonne en usant de l'énumération caractéristique des sujets macabres, rois,
reines, princes, princesses, et « autres per-
sonnes quelconques, de quelque état ou con-
dition qui soient en ce monde, tant grands
que petits, et tant hommes que femmes, gens
d'église, prélats, évêques, archevêques, abbés,
abbesses, prieurs, curés, receveurs des églises
et autres vivants sur terre » ; car, conclut ce
contemporain de la peinture funèbre du cimetière des Innocents, « s'ils avaient ferme foi, et
qu'ils crussent ce que Dieu et l'Eglise nous
commandent sur peine de damnation, connais-
sant leurs jours être si brefs, les peines d'enfer
être si horribles et sans nulle fin ni rémission
pour les damnés, feraient-ils ce qu'ils font? »

Il est juste d'ajouter que ces rappels au bien
ne revêtent pas toujours un caractère de cru-
dité agressive, et que, souvent aussi, il s'agit là
de pure morale préventive, indépendante de
toute considération de fait. Lorsque le moine
Hélinant, songeant à l'heure de la mort

> Où il convient passer la mer
> Dont les ondes sont de feu chaud [1],

[1] *Les Vers de la mort*, par Hélinant, moine de Froidmont

demande aux évêques de Reims, de Noyon, d'Orléans et de Beauvais « d'éplucher leur vie », il ne manque pas de nous avertir que ce dernier est un ami très cher. Son conseil part donc d'un cœur dévoué qui, tout en reconnaissant les mérites de celui auquel il s'adresse, tremble devant notre imperfection. Une bulle adressée en 1051 par le pape Léon IX à l'évêque du Puy, pour lui conférer le pallium, disait de même : « Ne nous relàchons pas un moment, de peur qu'au jour du jugement divin notre làcheté ne nous expose à trouver, devant le Juge suprême, le châtiment mérité par le crime de notre négligence à remplir les devoirs d'une charge dont l'honorable élévation nous attire ici-bas plus de respect au milieu de nos frères ».

Ainsi, qu'on prête au pontife de la fresque l'individualité qu'on voudra — antipape qui va subir la punition du scandale — ou, plus simplement, pape légitime qui songe à l'humanité menacée des flammes éternelles et, afin de la sauver, pénètre les mesures à prendre jusqu'à son dernier souffle pour combattre les formes particulières que le mal a prises dans son siècle

en Beauvaisis, publiés d'après tous les manuscrits connus par Fr. Wulff et Em. Walberg.

— ce sont deux aspects de la même idée, l'un historique, l'autre d'ordre général, qu'on retrouve en conséquence dans toute la série de types ecclésiastiques.

En définitive, il convient sans doute moins de voir dans la peinture de la Chaise-Dieu une suite ininterrompue de damnés à proprement parler que de gens qui vivent, à des titres divers, sous la dépendance d'une même menace, destinée à faire contrepoids au triple pouvoir de sentir, de penser et d'agir qui a été donné à l'homme.

Voilà ce qui date notre œuvre : son fond mystique. Si sa pensée se réduisait à la simple leçon d'égalité finale de tous les éléments de la société qu'elle offre à première vue, elle se confondrait avec les intentions purement humaines des satires de l'antiquité connues sous le nom de *Dialogues des morts*. Bien des siècles avant elle Lucien s'est raillé de la chute d'un Alexandre « qu'on adjoignait de son vivant aux douze grands dieux », et a fait dire à Mercure : « Tu vois ce crâne ? c'est Hélène. » Aussi là n'est pas son meilleur intérêt ; elle s'appuie à ce lieu commun propre à tous les temps afin de rendre plus sensible une métaphysique qui vise à la punition du péché.

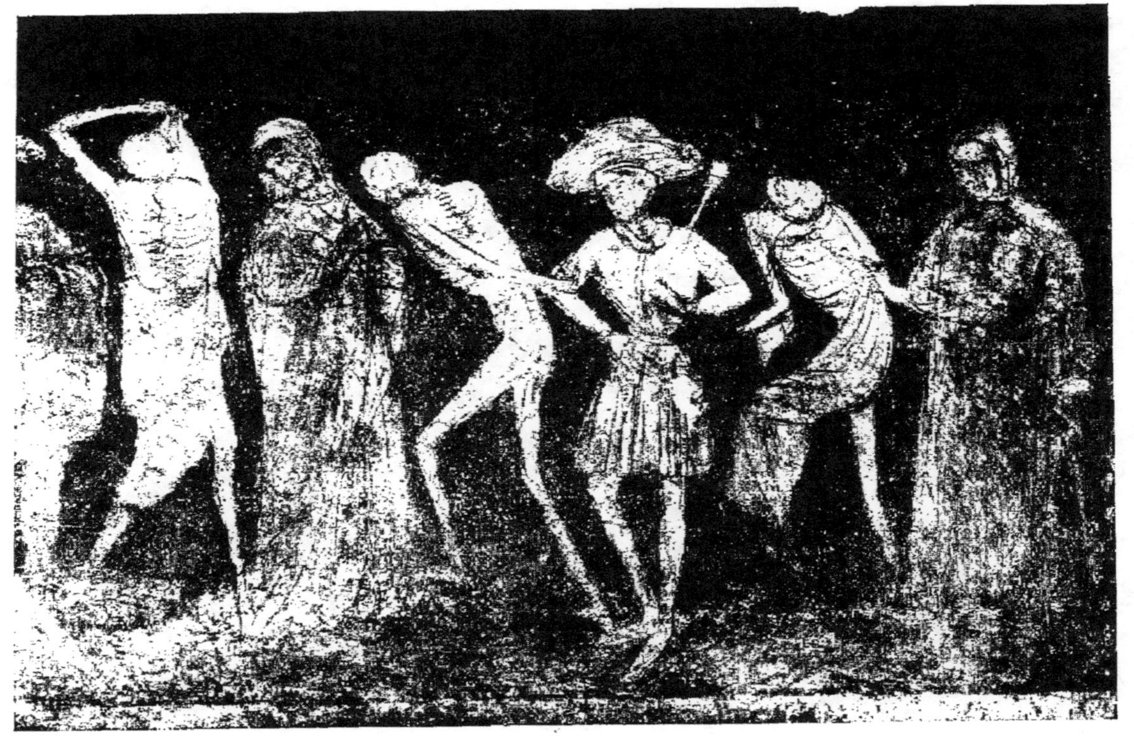

Deuxième fresque. — II.

(Cliché A. Vicard).

Pour résumer mon argument, ce sens religieux s'incarne, si je puis dire, dans le mot même de Macabre — que des éditeurs ont mal lu, car il se prononçait en réalité Macabré, comme l'indiquent encore au xvie siècle l'orthographe Machabrey (1) et de nos jours l'anglais Machabray — nom propre, forme populaire de « Machabées ». Danse Macabré, qui correspond au *Machabæorum chorea* des lettrés, équivalait à « danse infernale ». C'est du moins l'explication que je soumets à l'archéologie qui, quoique le souvenir des Machabées ne fasse pour elle aucun doute en la matière, n'a pas découvert jusqu'ici le point de contact avec le livre sacré.

Des clercs prévoyant que, si la portée dogmatique de l'œuvre d'art n'échappait alors à personne, il pouvait en être autrement dans l'avenir en raison de la sobriété de ses moyens d'expression, y remédièrent en substituant au terme courant de « danse des morts », le seul encore usité de nos jours en Allemagne (Todtentanz), un synonyme qui limitait désormais toute inter-

---

(1) « Les LXVIII huictains cy-devant appelés la Danse Machabrey par lesquels les chrestiens de tous estats sont stimulés et invités de penser à la mort ». Jacques Varangues, 1589.

prétation par un texte. Le chapitre vii du livre II des *Machabées* me semble le mieux révéler le travail de leur pensée. Outre que le mépris du monde s'y mêle à cette crainte de la justice de Dieu qui assaisonne le propre enseignement des danses, on y trouve un luxe d'horreur bien fait pour leur servir de commentaire. Qu'on relise de près le martyre des sept frères et de leur mère, et on comprendra qu'une scène d'un réalisme tout « gothique » ait pu devenir, au regard de gens vivant sous le régime de la force, le parfait symbole des peines futures. Quand le titre de la danse rappelait le spectateur au souvenir des Machabées, cela signifiait : « Redoute de pareils supplices pour l'éternité! » (1).

Le choix tardif de ce texte ne laissait pas d'être habile. En précisant et enrichissant une matière qui s'inspirait trop, semblait-il, de la réserve

______

(1) Certains, se basant sur la phrase du *Répit de la mort* (1376) : « Je lis de Macabré la danse », ont cru qu'il s'agissait du peintre qui le premier aurait représenté ce genre d'ouvrage. En réalité la seule reconstitution exacte est : « Je lis des Macabrés la danse ». C'est une allusion aux maximes inscrites sous la plupart des peintures funèbres. Il ne faut pas oublier que l'art du Moyen-Age est impersonnel : la leçon est tout, l'artiste ne compte pas. Nous verrons au chapitre suivant que les danses sont l'œuvre de plusieurs générations.

des Évangiles, il répondait pleinement d'ailleurs à ce goût marqué de l'esprit religieux du temps pour « la concordance de l'Ancien et du Nouveau Testament ». Par malheur, il contribua à effacer la trace des origines apocalyptiques du genre, où nous retrouverons, sans plus, la conception de l'enfer inséparable de celle de la mort.

CE QUE L'ART FUNÈBRE DOIT A L'APOCALYPSE

LA POPULARITÉ DES PROPHÉTIES DE SAINT JEAN

L'évolution continue de l'esprit religieux du bas Moyen-Age vers l'étude absolue du problème du mal manifeste son plein effet dans les peintures de danses des morts ; c'est pourquoi la recherche de l'origine de ce genre étrange présente un intérêt capital. La science moderne n'en a pas encore résolu les difficultés pour s'être attardée à prendre au sérieux la fausse désignation de danse, que je soupçonne le vulgaire d'avoir créée de sa propre initiative.

Le peuple, qui voit gros, a été avant tout saisi par les croisements de jambes et l'aspect anguleux des bras du personnage principal, le mort ; il n'en fallait pas plus pour que cette file

d'êtres prît en son imagination tournure de sabbat, d'où le sobriquet qui a égaré jusqu'ici les
commentateurs. Rien en réalité, dans les ouvrages franchement inspirés des principes du genre
comme celui de la Chaise-Dieu, n'autorise une
telle interprétation ; et même dans les cortèges
où les morts jouent d'un instrument, je ne trouve
là d'autre sens qu'un signal donné aux hommes
pour quitter la terre, le souvenir de la trompette
du Jugement dernier. Un détail de la fresque de
St-Jean de Bâle qui nous est parvenu le prouve :
deux morts musiciens quittent leur ossuaire,
sorte de niche pleine de crânes dont le fronton
représente un Jugement. Ce n'est que dans les
œuvres abâtardies que les artistes eux-mêmes,
influencés par le mot de danse, composeront de
véritables farandoles funèbres, comme le laisse
déjà entrevoir la fresque de l'église Sainte-Marie
à Lübeck dont tous les personnages se donnent
la main.

A entrer dans le vif du débat, je rappellerai
d'abord que l'art du Moyen-Age dépend dans
son ensemble de la formule adoptée par le
deuxième concile de Nicée : « Le choix relève
des canons de l'Eglise et de la tradition religieuse ; l'art seul appartient aux peintres, la

disposition et l'ordonnance appartiennent aux pères. » Puisque l'artiste n'est autre chose que l'interprète de la pensée ecclésiastique, il n'y a qu'un texte sacré pour nous éclairer là comme ailleurs, et je proposerai en conséquence de voir en l'*Apocalypse de saint Jean* l'ébauche la plus lointaine de cette forme d'art.

Que contient cet écrit ? Je ne saurai mieux le résumer qu'en recopiant la définition d'un manuscrit exécuté pour Marguerite d'York, femme de Charles le Téméraire : « L'Apocalypse, lequel livre traite et remontre les vices de ce monde, et ramenant fort à mémoire et par figures et significations la venue et le règne d'Antechrist et sa fin, parle aussi fort de la fin du monde et du jour du grand Jugement. »

Ces visions nourries de la substance des anciens prophètes et qui renforcent l'effet des chapitres XXIV et XXV de l'Evangile selon saint Mathieu, tiennent une place marquante dans l'histoire de l'âme de nos pères, si épris de merveilleux. Ainsi sous Charles VII, l'Université est sens dessus dessous parce qu'un étranger de vingt ans s'est révélé maître en toutes choses devant une assemblée de 3ooo clercs. Avoir acquis à cet âge une science à quoi n'atteindrait pas un homme qui vivrait « cent ans sans boire, sans manger et sans dormir », arriver d'Espagne où règne la confusion des races, parler avec « latin trop subtil » les langues d'Orient y compris la chaldique, n'est-ce pas de quoi faire tressaillir des gens avertis ? « Et pour certain — avoue le *Bourgeois de Paris* dans son journal intime — il nous fit très grand frayeur..... Et pour vrai selon Daniel et l'Apocalypse, Antechrist doit naître en Babylone en Chaldée..... Et nous avons en Ecriture qu'Antechrist sera engendré en [par] aventure de père chrétien et de mère juive qui se feindra chrétienne, et chacun cuidera [croira] qu'elle le soit ; il sera né de par le diable en temps de toutes guerres, et de tous jeunes gens déguisés d'habit, tant femmes que hommes, tant par orgueil comme par luxure, et sera grand haine contre les grands seigneurs pour ce qu'ils seront très cruels au menu peuple. »

Qu'on juge après cela des sentiments de ce dernier lorsque les prédicateurs, qui mettent les spéculations métaphysiques à la portée de son intelligence de pauvre, puisent à son intention dans cette littérature du triomphe de la mort ! On les mesure au succès qu'obtient le cordelier

Richard, confesseur de la Pucelle, quand, prêchant à Paris le 26 avril 1429 dans un but politique, il annonce pour l'an d'après « les plus grandes merveilles qu'on eût onques [jamais] vues, et que son maître frère Vincent le témoigne selon l'Apocalypse et l'Ecriture monseigneur saint Paul, et ainsi le témoigne frère Bernard, un des bons prêcheurs du monde. » Encore un sermon à la manière noire et, à l'exemple de ce même Bernard en train de convertir en masse les Italiens, notre franciscain, qui prophétisait d'ordinaire du haut d'un échafaud « le dos tourné vers les charniers encontre [contre] la Charonnerie [rue de Paris], à l'endroit de la danse macabre », gagnait à la cause de France tout un peuple anglo-bourguignon. Quand on apprit que le dernier prône se ferait au lieu « où monseigneur saint Denis avait été décollé [décapité] » 6000 Parisiens s'y rendirent, beaucoup dès le samedi soir « pour avoir meilleure place le dimanche au matin, et couchèrent aux champs en vieilles masures et où ils purent mieux. » Mais on veillait en haut lieu car, ajoute le prudent Bourgeois, « son fait fut empêché, comment ce fut, à temps m'en tais. »

J'emprunte la citation au xvᵉ siècle pour sa

valeur pittoresque ; mais au surplus, qu'est-il besoin à ce sujet de remonter le cours entier du Moyen-Age ? Qu'on aille des faits divers du chroniqueur à la formule des anciennes donations pieuses : *Mundi termino appropinquante*, que suivent des réflexions sur l'Antechrist ; qu'on s'arrête aux conséquences historiques de l'illuminisme d'un Savonarole ou d'un Joachim de Flore, ce qui importe ici c'est le vieux fond immuable de la conscience chrétienne. De tout temps, dans sa méditation des fins dernières devant les accidents de la vie et de la nature, elle a usé du plus complet des témoignages sacrés en ce sens, de cette troublante Apocalypse qui, au mérite d'être sortie de la main du disciple bien-aimé, joint le charme de terreur d'un ancien livre de magie.

LES CAVALIERS ET LA MORT DE L'APOCALYPSE DANS L'ART

L'art, traducteur juré de la Bible, se devait de représenter des épisodes d'une œuvre aussi propre à émouvoir l'âme des foules et il n'y manque pas. Les scènes le plus fréquemment inscrites aux tympans des églises sont tirées du

chapitre IV : le Christ en majesté avec les quatre symboles des Evangélistes et les vingt-
quatre vieillards (Moissac, Chartres), ou du chapitre XX : la résurrection des corps et le jugement des âmes (Autun, Amiens, Bourges).
Mais on utilise aussi d'autres motifs et des documents d'importance l'attestent.

Parmi les signes précurseurs de la venue de
l'Antechrist et de la destruction du monde qui
s'offraient à l'ingéniosité des gens d'église et des
artistes, ceux du chapitre VI de l'Apocalypse
n'étaient pas le moins haut en couleur. En ces
versets, les animaux ailés à la manière des frises
d'Assyrie, qui annoncent dans le fracas des
trompettes les grands personnages de la Tra-
gédie, donnent en quelque sorte à l'apôtre la
première formule de la danse macabre. « Viens
et vois » rugissent-ils, à mesure que l'Agneau
ouvre les quatre premiers sceaux du livre de
l'avenir :

2. — Et je vis. Et voici un cheval blanc ;
celui qui le montait avait un arc, et il lui fut
donné une couronne et, vainqueur, il partit pour
vaincre.

4. — Et il sortit un autre cheval, roux ; et à
celui qui le montait fut donné d'ôter la paix de

dessus la terre, et de faire qu'on s'entretuàt; et il lui fut donné un grand glaive.

5. — Et voici un cheval noir; et celui qui le montait avait en sa main une balance :

6. — Et j'entendis alors une voix au milieu des quatre animaux dire : une mesure de froment pour un denier, trois mesures d'orge pour un denier et ne gàtez pas le vin et l'huile.

8. — Et voici un cheval pàle ; et celui qui le montait s'appelait la mort, et l'enfer le suivait; et il lui fut donné pouvoir sur les quatre parties de la terre de faire périr par le glaive, la faim, la mortalité et les bètes de la terre.

Certes, nous sommes encore loin de la danse, mais l'erreur serait précisément de croire qu'elle fùt née d'un coup; car de même que la cathédrale gothique est sortie peu à peu de l'église romane. issue elle-même d'une combinaison de la basilique latine et de l'atrium de la maison romaine avec l'emploi de la voûte, la danse est l'aboutissant logique d'un thème qui a passé par des métamorphoses. Ce qui importe pour le moment, c'est que l'essentiel du sujet se trouve dans saint Jean : l'antithèse des vivants et de la mort. Il faut aussi retenir que ces vifs, au nombre de trois, sont des puissants de la terre et des cavaliers. A noter enfin que l'idée d'enfer, qui donnera son sens propre à l'œuvre d'art, s'y trouve formellement exprimée.

Tout d'abord l'artiste s'en tient au texte même et nous en présente la traduction mot à mot : chaque cavalier, puis la mort, forme un tableau distinct. L. Delisle et P. Meyer, dans l'*Apocalypse en français au xiiie siècle*, signalent l'existence de seize manuscrits ornés de miniatures de cette sorte, « se rattachant tous à un type commun, bien déterminé, qui a dû être arrêté en Angleterre ou dans le nord de la France au xiiie siècle et qui a servi longtemps de modèle, non seulement aux enlumineurs de manuscrits, mais encore aux tapissiers et aux graveurs de livres xylographiques ».

Il serait donc oiseux de les examiner en détail. Toutes ces pièces présentent le même grand seigneur à riche robe, mais la mort tantôt a l'aspect d'un vieillard bien vêtu et tantôt est caractérisée par son état neutre : un crâne l'enlaidit et un suaire la drape (par exemple dans les *tapisseries de l'Apocalypse d'Angers*, tissées vers 1375 par Nicolas Bataille d'après « les portraitures et patrons » de Hennequin de Bruges, qui compile les vieilles miniatures en cause). On y voit enfin les victimes de la mort dans la gueule du monstre classique qui figure l'enfer.

Le cycle apocalyptique des cavaliers se termine avec éclat en 1498 par la gravure des *Conquérants* d'Albert Dürer. Le maître allemand, qui trouve sa matière dans le domaine public et se contente de l'enrichir de son génie, nous apprend là qu'un groupement des quatre tableaux similaires est intervenu un jour. Les trois seigneurs chevauchent étrier contre étrier ; et au premier plan, un vieillard réduit au squelette et monté sur une rossinante envoie en enfer, à coups de trident, évêque, femme, bourgeois, vilain.

LES CARTES A JOUER, LIEN ENTRE L'APOCALYPSE ET LES DANSES MACABRES

Qui nous marquera le rapport existant entre l'Apocalypse « figurée » et la danse? Ce sont les jeux de cartes, en dépit de leur réputation de frivolité, et j'aurai recours là-dessus aux documents du bel ouvrage d'Henri d'Allemagne : *Les cartes à jouer du* xive *au* xxe *siècle.*

Il est manifeste en effet que les tarots s'ins-
pirent de l'imagerie apocalyptique. On y voit,
dans tous, les signes cosmiques avant-coureurs
de la fin des temps; le Monde a d'ordinaire
l'aspect d'une Babylone; la Maison de Dieu est
une tour frappée de la foudre; la carte du Jugement montre les morts sortant du tombeau au
son de la trompette des anges; le diable y prend
place. Même le fond de moralité que définissait
le manuscrit de Marguerite d'York s'exprime
dans les images des Vertus et des Vices, qui se
combattent au cours de la partie de cartes.

C'est ainsi qu'on retrouve dans les anciens
tarots nos trois cavaliers bibliques, à peine mo-
difiés dans leurs attributs. Le seul changement
notable vient des nécessités du jeu : chaque série
de cartes majeures comptant quatre pièces, une
par signe distinctif, on a un cavalier d'épée,
un de bâton (bâton de commandement, sceptre),
un de denier (j'y vois tout à fait le souvenir
de l'homme à la balance qui symbolise dans
saint Jean la question économique), enfin, en
supplément, un de coupe (sorte de ciboire propre
à marquer l'idée religieuse de la moralité en
action qu'est un jeu de cartes, et visiblement
imité de cette coupe de la colère de Dieu ver-

sée sur les nations coupables dont parle aussi l'Apocalypse (chap. XIV à XVI).

Quant à la mort, c'est figure obligatoire même pour les tarots modernes. Dans le jeu dit de Charles VI, dont il reste dix-sept pièces à la Bibliothèque Nationale — en réalité travail vénitien des premières années du xve siècle — le spectre manie une faux du haut d'un cheval qui galope. Crâne au front ceint d'un bandeau à bouts flottants, corps de momie vêtu d'une robe dont l'écharpe s'agite au vent de la course ; sous la bête, les tronçons d'un roi, d'un pape entre deux cardinaux, d'un évêque, n'est-ce pas là le même personnage, quelque peu enjolivé par le goût italien, et la scène que nous connaissons déjà ?

Il y a mieux. Ces « gisants » frappés par la mort ne sont que la réplique en petit des personnages royaux et ecclésiastiques qui, dans les autres cartes, forment des tableaux distincts. Or ces derniers s'apparentent à leur tour aux acteurs les plus caractéristiques des danses macabres et il n'y a pas de subtilité de raisonnement qui vaille un simple coup d'œil jeté sur ces images.

Que conclure de la réunion de ces pièces,

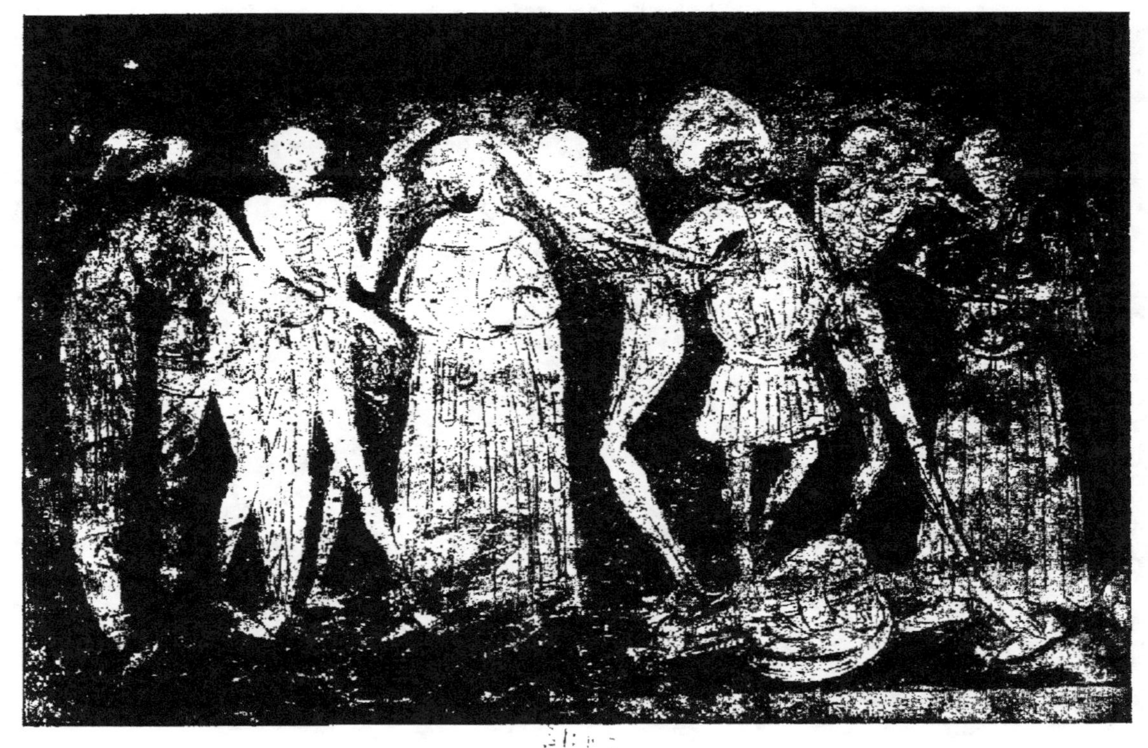

Troisième fresque. — I.

(Cliché A. Picard).

sinon qu'elles relèvent toutes d'une même mystique? Je me servirai donc des tarots comme « agents de liaison ». On y trouve une tradition à peu près constante qui suffit à de telles recherches et nous verrons d'ailleurs que certaines différences de détail ne sont pas d'un moindre enseignement.

LE DIT DES TROIS MORTS ET DES TROIS VIFS

Cette preuve acquise que les danses macabres appartiennent bien à la famille apocalyptique, il convient d'élucider comment s'est effectuée la transition.

Une série de cartes est très instructive à ce point de vue. Je ne m'attarderai pas à suivre pièce par pièce la variante qu'elle présente et j'en résumerai les traits propres en signalant que des emblèmes de chasse, oiseaux de proie, quadrupèdes et fleurs (idée de course à travers la nature), y tiennent lieu des signes distinctifs habituels. Il s'ensuit que nombre de ces « portraits » — certains ayant faucon au poing ou accompagnés de chiens — sont à cheval, et non pas seulement nos vieux personnages bibliques qui, au reste, tendent de plus en plus à se confondre avec les figures de rois proprement dits.

A quoi correspond, dans le domaine du grand art, cette innovation qui apparaît en un genre secondaire où l'unité de pensée est évidente tout en s'exprimant par des moyens d'emprunt? L'original est facile à trouver.

Il faut se rappeler d'abord qu'au Moyen-Age le meilleur passe-temps du noble entre deux guerres reste la chasse, qui lui offre, outre l'attrait du profit, les mêmes émotions de brutalité, de ruse et de hasard. C'est d'ailleurs son principal privilège, et il en tire tant vanité que, s'il n'a pas la bonne fortune de posséder un animal dans ses armoiries, il se console en se faisant graver sur sa pierre tombale avec un lévrier couchant ou mieux un faucon. Cet oiseau en effet, qu'on emploie ainsi que le chien pour quêter le gibier, est considéré comme le prince des bêtes : les lois de chevalerie tiennent pour infâmant de s'en servir de rançon et on mesure l'importance d'un seigneur à celle de sa fauconnerie, témoin le roi Jean pendant sa captivité d'Angleterre. Bref, l'amour de l'Arabe pour son cheval peut seul de nos jours donner une idée de ce que ressentaient nos aïeux à l'égard du rapace apprivoisé.

L'Église s'inquiète de cette passion qui non seulement entretient chez les chasseurs le goût des jouissances matérielles, aux dépens des qualités du cœur et de l'esprit, mais ruine la terre — qu'elle soit ecclésiastique ou non — suscite des conflits de voisinage et aggrave d'autant la misère du peuple.

Pareil état de choses influa un jour sur les conceptions de l'art. C'est tentant de rafraîchir un vieux sujet, même quand un code moral sévère vous oblige à n'en pas fausser l'esprit par l'apport d'un imprudent détail. On y réussit pour cette partie de l'Apocalypse qui nous occupe; et cependant, le fait d'adapter les cavaliers sacrés aux mœurs d'une société dont ils portaient déjà le costume change si bien l'aspect de la scène, tout en gardant l'ensemble de ses caractères primitifs de fond et de forme, que la trace des origines a failli s'en perdre à jamais.

Le monde religieux a donc jugé utile de rendre plus directe la leçon du prophète en l'appliquant à la vie contemporaine. Cette vision de mort remplie de la haine des grands et du vice, où la trouble lumière des temps futurs

éclaire la destruction de tout ce à quoi l'homme
attache du prix, ne frappera-t-elle pas autrement fort les laïques une fois dépouillée de ses
difficultés d'histoire et de théologie, ramenée à
la réalité de seigneurs non seulement jeunes,
riches et puissants, mais jouissant de ces biens
en pleine action? Or une scène de chasse se
prête admirablement à cette fin. Le procédé, qui
ne change rien à la manière d'être des deux
cavaliers armés, ne dénature pas non plus
l'homme à la balance, car si ce dernier perd son
attribut dans le remaniement, il n'en conserve
pas moins, avec son rang social, le sens propre
dont sa balance n'était que le signe visible. Personnage de l'Apocalypse d'Angers chevauchant
en pleine nature, ou chasseur, c'est toujours le
même représentant du régime de féodalité sans
cesse à la poursuite d'un idéal de violence, et
qui, accaparant ou détruisant les richesses de la
terre, tient en ses mains la vie d'autrui. De plus,
la fréquence des accidents en ce genre de plaisir
symbolise à merveille les embûches des joies du
monde et donne droit d'entrée légitime à l'image
de la mort. Pouvoir de faire périr par le glaive,
la faim et « les bêtes de la terre », tout, jusqu'à
l'idée même de chasse, est ainsi tirée de

saint Jean. Et voilà constitué sans grand effort d'originalité *Le dit des trois morts et des trois vifs*, la légende des duc, comte et fils de roi, montés sur destrier et faucon au poing, qui s'égarent dans une chasse en forêt et rencontrent trois fantômes, surgis là pour leur rappeler que les humains songent trop aux choses de leur existence présente, sans assez s'inquiéter de ce qui les attend au bout :

> Quando dives moritur,
> In tres partes dividitur :
> Caro datur vermibus,
> Pecunia parentibus,
> Anima demonibus
> Nisi Deus miseretur.

« C'est-à-dire, mon ami, que quand le riche sera mort, lui et ses biens seront partis [séparés]; et [s. ent : en] premier, la chair sera donnée aux vers ; son or, son argent et ses bagues et tout ce qu'il a, à ses parents ; et son âme aux diables si Dieu de sa grâce n'en a merci ».

(Antoine de la Salle : Le Petit Jehan de Saintré).

Cette transformation cynégétique des quatre tableaux de l'Apocalypse une fois groupés a-telle suivi un développement d'une simplicité naïve mais logique, donnant à l'origine trois seigneurs chevauchant face à la mort cavalier, puis à trois morts cavaliers, pour en venir à opposer trois vifs à cheval et trois morts à pied, avant d'aboutir à cette formule : trois vifs et trois morts à pied ? Tout porte à le croire.

Nul doute d'abord que les premières compositions qui modernisaient le sujet biblique aient conservé le personnage funèbre tel qu'il s'y trouvait. Il est vrai qu'on ne le voit plus sous cet aspect dans les rarissimes documents artistiques du dit parvenus jusqu'à nous, mais, en l'absence de preuve iconographique littérale, une comparaison tirée des jeux de cartes permettrait déjà d'établir que les miniatures dont il s'agit en supposent d'autres d'un caractère plus primitif. Au tome I du d'Allemagne, un atout de tarots italiens du xvᵉ siècle présente une mort à pied, seule et nue, avec rubans au crâne et arc en main. Si on rapproche cette élégante image de la fruste mort à cheval du jeu de Charles VI, la plus ancienne référence que nous ayons en ce genre, soutiendrons-nous que ce n'est pas là le même personnage qui a seulement mis pied à terre, alors qu'il remplit le même rôle vis-à-vis

des mêmes figures que précédemment ? Et après
cela j'hésiterais, parce que les versions du dit
qui nous restent ne donnent que des morts à
pied, à reconnaître en ces derniers un travail
d'évolution identique ?

Je ne m'en tiendrai pas à cette présomption et
citerai là-dessus *Les vers de la mort* d'Hélinant.
Ce qui rend le poème précieux est qu'il date de
la fin du xiie siècle et nous reporte à cet instant
où la danse macabre se cherche dans le dit,
mais en dégage ses éléments avec une gaucherie qui laisse coexister la scène mère avec ses
traits propres. Or nous lisons à la strophe **XIV** :
« Mort, fais enseler [seller] tes chevaux ». Voilà
bien de quoi justifier de l'existence des deux
premiers états qui, au reste, sont tout un pour
nous, l'essentiel étant de savoir si les anciens
dits connaissent la mort à cheval, et le fait
d'avoir triplé ce personnage s'expliquant aisé-
ment par le goût des primitifs pour la symétrie,
« qui est analogue au rythme de la poésie et de
la musique » (Salomon Reinach, *Apollo*), ainsi
que par leur croyance en la vertu sacrée des
nombres (1).

(1) Les mystiques usent particulièrement dans leurs spéculations des multiples de 3, en raison de ce que ce chiffre se

Reste à nous assurer de l'antériorité des vifs cavaliers sur les vifs à pied. On possède actuellement sur ce sujet quatre poèmes du xiiie siècle, deux anonymes, un troisième de Baudoin de Condé, un autre de Nicolas de Margival (1). Mais si les deux derniers excluent tout élément pittoresque pour s'en tenir à la partie didactique, il n'en va pas de même des autres. Un des poèmes anonymes renferme un bout de décor rustique déjà bien suggestif : les trois princes, en suivant un sentier,

Tant ont erré qu'au bout d'un champ
Trouvèrent un vieux aître [cimetière près d'une église].

Le second dit, dont il manque le début, aide un peu plus à reconstituer ce qui fait tableau dans la moralité. Il ne mentionne pas de cheval, mais l'énumération de « faucons, chiens, ostoirs

présente comme le plus haut symbole religieux et par conséquent résume en soi tout ce qui se rapporte à l'âme. Dante nous a laissé, dans *La vie nouvelle*, un bien curieux exemple de ce procédé de mathématique théologale en l'appliquant à la religion de l'amour, à propos du nombre 9 qui a joué un rôle dans la vie et la mort de Béatrice.

(1) *L'alphabet de la mort de Hans Holbein*, suivi d'anciens poèmes français sur le sujet des trois morts et des trois vifs, par Anatole de Montaiglon. Ce recueil donne aussi un dit du xve siècle avec vifs à cheval.

[autours], gerfauts », déterminerait à quelle sorte de vifs nous avons affaire si ce qui suit n'y suffisait pas :

Le premier mort dit : « Damoiseaux,
N'oubliez pas, pour ces oiseaux
Ni pour vos robes à orfroi,
Qu'en terre gerra [futur de gésir] chacun froid.
Là pourriront vos chairs humaines.
Or gardez [s. ent : vous] bien que ne vous mènent
Vos grands déduits [divertissements] et vos soulas
Là [s. ent : où] on prend les âmes au lacs.   [plaisirs]

Ce sont donc tout à fait les damoiseaux d'Hélinant, des chasseurs. Sans doute le vieux poète ne parle pas non plus expressément de cavaliers, mais à sa strophe XXIV, qui n'est autre chose qu'un dit, au lieu de nous offrir une scène de repos, un prêche à tous vents, il nous transporte en pleine action.

..... Ces cointes [élégants] damoiseaux
Qui vont à chiens et à oiseaux
Et font hommage à bons morceaux,
Qui [s. ent : sont] plus ardents que lèchefrite,

ne peuvent être que des fauconniers à la poursuite de la bête. Or la chasse « à l'oiseau » se

faisait toujours à cheval, en raison de la rapidité du vol du rapace dont l'instinct servait de
guide en même temps que celui du chien. Ainsi,
dans *L'escoufle*, roman d'aventures du xiiie siècle
dont un milan noue et dénoue l'intrigue, le
héros parvient à s'engager dans un équipage de
fauconnerie grâce à son cheval. Il reste d'ailleurs
un terme de manège significatif à cet égard :
monter en fauconnier, c'est prendre l'étrier du
pied droit, selon l'habitude de ce genre de chasseurs, qui portaient l'oiseau sur le poing gauche.
Comment admettre que les premiers poèmes,
qui s'inspiraient forcément de l'observation
directe de la réalité, eussent laissé de côté ce
qui est non pas un pur accessoire mais une con-
dition essentielle du sujet? A défaut ici d'une
précision aussi évidente par elle-même pour les
vifs que pour la mort, tout dans la strophe en
question, ambiance et détails, s'accorde avec
l'idée d'une chasse à courre, et le moins qu'on
puisse conclure est qu'Hélinant travaillait en
ayant sous les yeux un modèle de dit à cavaliers.
C'est ainsi que la fin du morceau complète le
sens d'une scène active, en décrivant, non une
mort précheuse, mais une sorte de routier
d'outre-tombe qui chasse l'homme :

A ceux [contre ceux-ci, les damoiseaux] joue, Mort, du
Et leur affuble tels manteaux   [couteau (1)
Qu'en plein midi leur annuite [il fasse nuit pour eux].

Le même raisonnement s'impose pour la
miniature en double qui accompagne deux
rédactions du poème de Baudoin, l'une de la fin
du XIIIe siècle (ms. 378, Bibl. nation.), l'autre du
commencement du XIVe (ms. 3142, Arsenal (2).
Cette image de trois vifs et de trois morts
à pied, la plus ancienne qui nous reste, n'est
que l'illustration de ce qui précède. En effet,
par cela seul que les trois damoiseaux sont
chaussés d'éperons et l'un d'eux tient un faucon
de chasse, n'est-on pas en droit d'inférer que
l'artiste a gardé là inconsciemment, dans une
composition où ces détails ne semblent plus que
de simples ornements, le souvenir d'une tradition où ils avaient leur pleine raison d'être ? Or
il nous est possible de savoir par quelle variante
elle s'y rattache et une gravure sur bois se
prête à la démonstration, avec ses deux fauconniers montés et son troisième personnage
muni d'éperons mais descendu d'un cheval

(1) Elle sonne même du cor à la strophe VI.

(2) La *Revue archéologique*, année 1845, tome II, la repro-
duit en couleurs.

qui se cabre, chacun donnant le vol à un oiseau. C'est une planche de l'album publié fort tard il est vrai, en 1528, par Nicolas le Rouge de Troyes, mais qui procède directement de ceux édités à partir de 1485 par l'imprimeur parisien Guyot Marchant reproduisant, à la suite de danses macabres, la plupart des dits depuis longtemps en circulation. Au reste, pour justifier de l'ancienneté des chasseurs cavaliers il n'est nul besoin de recourir uniquement à l'imagerie des dits, et à défaut, telle enlumi-nure représentant une scène de chasse sans autre préoccupation que de copier la réalité pour elle-même y suffirait (1). Ainsi, peut-on mettre en regard de la miniature du poème de Baudoin une pièce également du xiiie siècle, extraite du manuscrit de Manassé (bibl. de Hei-delberg), dont les deux princes, qui chevauchent en compagnie de chiens sous un vol de fau-

(1) J'ai dit plus haut que l'art était l'humble serviteur de l'idée religieuse et cette règle ne souffre pas d'exception jus-qu'à la fin du xiiie siècle, époque où apparaît pour la pre-mière fois un document du genre macabre. Il ne perdra en grande partie ce caractère qu'à la Renaissance; toutefois, dès le xiiie siècle, l'esprit de laïcité se révèle timidement çà et là, en attendant de briller au xve dans quelques œuvres fameuses comme les *Très riches Heures du duc de Berry*.

cons, semblent échappés de la légende funèbre.

Disons donc que si le xvᵉ siècle, d'où viennent presque tous les documents artistiques de l'histoire des trois morts et des trois vifs, n'usa guère que de seigneurs à cheval, c'est qu'ils constituaient la formule traditionnelle par excellence. Mais l'aventure de chasse s'est réduite, dans certaines variantes, au pur sermon, du fait de mauvais imitateurs à la Baudoin de Condé. Maladresse nécessaire d'ailleurs car, une fois l'oiseau magique envolé, il ne reste plus que des fantoches dont l'air neutre permet le plus fécond des remaniements; si bien que le dernier état de la vieille légende du *chasseur chassé* se trouve être également le premier de la danse.

LE TRIOMPHE DE LA MORT

Le genre risquait fort toutefois d'en finir là sans un nouvel apport qui lui vint d'esprits soucieux de vie auxquels déplaisait sa sécheresse hiératique. Quelques-uns, en effet, tout en gardant les trois morts du conte. développèrent le motif des trois seigneurs, qui symbolisait l'aristocratie entière. en faisant défiler de riches cavalcades. La scène ainsi élargie devient le *Triomphe de la mort*.

La plus ancienne peinture de cette sorte qui subsiste appartient à la fin du xive siècle italien : c'est la fresque du Campo Santo de Pise, attribuée à Orcagna, d'un si vigoureux réalisme. Elle représente une chasse débouchant dans une clairière, au milieu d'orgues de basalte — toute une noblesse à grande robe qui passe brusquement des joies du plein air et de la poésie des fleurs des champs à la vue et à l'odeur de trois cadavres dans leur bière, un prélat et un roi côte-à-côte avec un corps en décomposition. Le maître de fauconnerie, qui a battu si souvent le pays, se retourne pour désigner du doigt et nommer les déterrés à ses voisins. Les deux rois se penchent sur leur monture et l'un se bouche le nez, pris de ce même trouble physique qui fait hennir son cheval et hurler la meute. Les reines, la première serrant contre soi un petit chien, se montrent plus navrées encore que de si illustres gens puissent être ainsi condamnés, comme chair de vilain, à servir de pâture aux reptiles. Au second plan, l'empereur, qui en ce paysage d'Italie prend figure des conquérants germains du temps des

Gibelins et des Guelfes, avant de se confondre avec le légendaire Charlemagne. A leur suite et également à cheval, seigneurs et nobles dames lâchent des faucons, tandis que des roturiers à pied font office de piqueurs.

De plus, Orcagna nous donne en regard un ensemble de l'existence matérielle et morale d'un monastère. Ce contraste, entre les mérites de la vie cléricale et les dissipations des gens du monde, s'accommode fort bien d'une scène en forêt à une époque où pullulent à la campagne les refuges pour misanthropes, mais paraît tout d'abord une acquisition récente. Ce n'est en réalité que l'amplification du personnage religieux principal, le vieux brave homme d'ermite qui sort de sa grotte pour commenter aux grands le sens religieux de l'effroyable vision, et qu'on retrouvera en maintes imageries du dit au xve siècle. Orcagna ne fait qu'utiliser là, après Hélinant et les auteurs du dit (1), une

(1) Aucune pièce littéraire antérieure à Orcagna n'omet le personnage ecclésiastique, et en fait soit un simple moine ou un haut dignitaire, voire un pape. Dans les poèmes du xiiie siècle, il se confond avec le mort damné, synthèse qui renforce la leçon, en montrant aux trois jeunes gens qu'une faute suffit à perdre ceux-là même qu'on croyait le plus à l'abri d'une telle aventure, de par leur profession.

figure qui tient aux origines du genre. Tout s'éclaire en effet si on se reporte au saint Jean qui, à l'angle gauche de chaque tapisserie de l'Apocalypse d'Angers et en conformité du texte biblique, regarde l'avenir dans une attitude d'extase : c'est lui qu'on retrouve ici, et le prophète, en passant dans la nouvelle composition, a seulement changé d'ordre religieux, laissé la toge d'apôtre pour prendre le froc du moine. Ainsi donc cette persistance à employer saint Jean en personne, seul ou multiplié par lui-même, comme figurant d'une parabole remplie de sa pensée, nous est un garant de plus de l'antique noblesse de l'art macabre.

Quand, ayant en main tous ces éléments, on s'avisera de mettre définitivement à terre cette orgueilleuse chevalerie, comme dans l'enluminure du poème de Baudoin, mais cette fois en une commune égalité avec les gens d'église et la piétaille, et d'accoupler un mort à un vif au lieu d'opposer des groupes, la danse macabre sera trouvée.

DANSE MACABRE DE LA CHAISE-DIEU

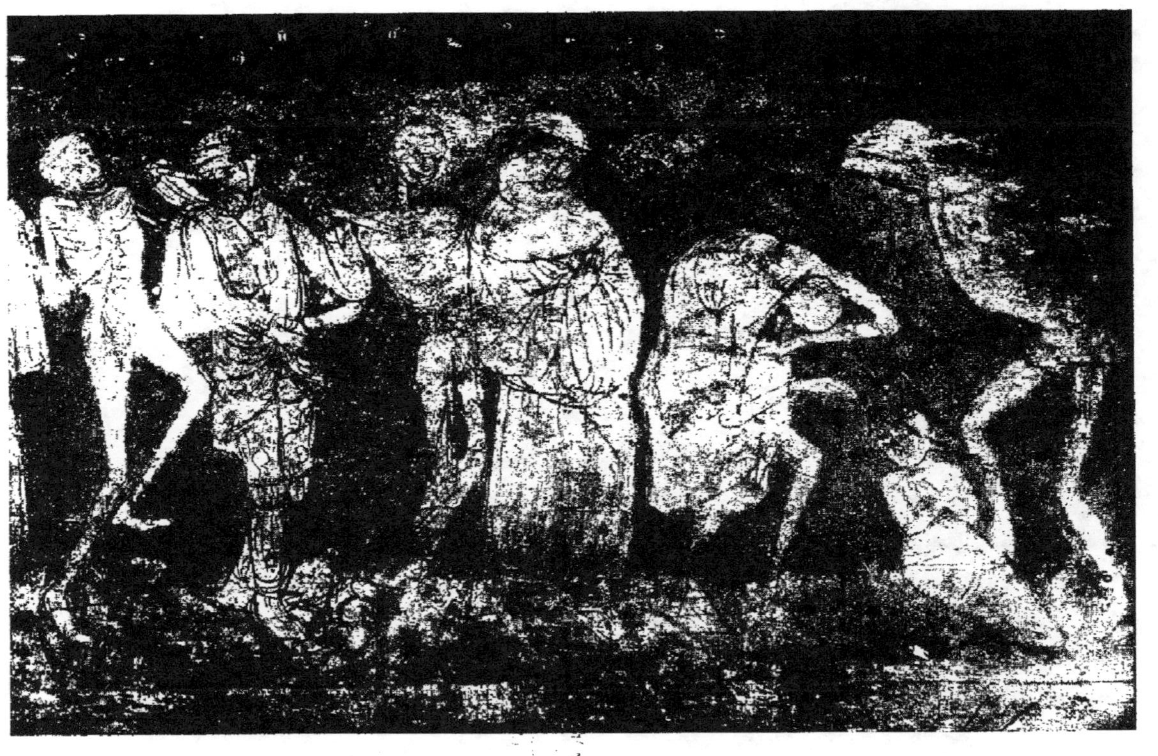

Troisième fresque. — II.

(Cliché A. Vicard).

CONCLUSION

Ainsi tout devient net avec une donnée « chevaleresque » au début du genre, en parfait accord avec les principes bibliques de l'art religieux et les mœurs de la féodalité.

Mais s'il reste des documents suffisants pour reconstituer le travail logique d'association d'idées qui de l'Apocalypse aboutit à la danse, ils ne nous permettent pas d'en préciser la chronologie.

Tout au plus pourrait-on penser, à s'en tenir aux grandes lignes, que la scène johannique a été modernisée sous l'influence de l'exaltation du sentiment religieux qui marqua les expéditions en Terre Sainte. Une naïve chanson de

propagande pour la croisade, sous Louis VII,
nous montre que l'idée est déjà dans l'air :

> Comtes ni ducs ni les rois couronnés
> Ne se pourront à la mort dérober :
> Car, quand ils ont grands trésors amassés,
> Plus il leur faut partir à grand regret.
> Mieux leur valût les employer à bien :
> Car quand ils sont en terre ensevelis,
> Ne leur sert plus ni château ni cité.
>
> . . . .
>
> Et sachent bien, les grands et les petits,
> Que là doit-on faire chevalerie
> Où l'on conquiert honneur et paradis.

Il est non moins significatif que, dans le
même temps, la passion de la chasse à l'oiseau
sévit à ce point que le pape Eugène III défend
aux croisés d'emmener outre-mer chiens et faucons, de peur d'indiscipline. De sorte que, entre
cette chanson d'avant 1147, qui annonce le dit,
et l'essai d'Hélinant vers 1194-97, qui le pré-
suppose, il semble que doive se placer la première réalisation du thème des trois morts et
des trois vifs. Toujours est-il qu'avec le moine
de Froidmont les divers matériaux macabres
sont déjà constitués. Mais longtemps encore
après l'apparition de ce mélange barbare, de-

venu classique au XIIIᵉ siècle puisqu'au dire de
Vincent de Beauvais on en faisait des lectures
publiques dans les couvents, le faucon dominera
les scènes funèbres, aussi glorieux de son rôle
sacré que l'ibis aux ailes éployées sur les objets
du culte de l'ancienne Égypte.

Il nous faut arriver à la date de 1376, donnée
par le *Répit de la mort*, pour apprendre que la
règle de la danse macabre est enfin fixée. Le dit
et la danse, qui en est le perfectionnement, ne
paraissent pas toutefois avoir occupé jusqu'au
XVᵉ siècle une place plus privilégiée que bien
d'autres sujets de piété. Mais en 1408 le duc de
Berry s'avise de faire sculpter en ronde bosse,
à la porte méridionale de l'église des Saints-
Innocents à Paris, « l'histoire des trois morts
qui apparurent à trois vifs chassant dedans une
forêt » (Jouvenel des Ursins, *Chroniques de
Charles VI*), en mémoire de Louis, duc d'Orléans, assassiné par ordre de Jean sans Peur.
La personnalité du donateur, de la victime et
du criminel, la date récente d'un scandale qui
allait allumer la guerre entre Armagnacs et
Bourguignons et ramener l'Anglais dans les
murs de France, firent plus que la valeur propre
du haut relief pour mettre à la mode cette vieil-

leric, qu'on peignit sur une foule d'enseignes de boutiques.

Il est permis de supposer que le brusque succès du dit engagea les directeurs d'âmes à le renouveler en faveur de la danse, à l'occasion de la crise la plus grave qui ait ému l'opinion chrétienne au cours du grand schisme d'Occident et dont la chronologie va de 1409, avec le concile de Pise, à 1414-18, avec celui de Constance. L'hésitation de l'Europe entre trois obédiences se prêtait à la popularité d'un ouvrage où abonde l'élément ecclésiastique et dont la conclusion s'adresse à la fois aux hommes en vue et au peuple, pour rappeler les uns au juste sentiment de leur écrasante responsabilité et confirmer à l'autre, toujours prêt dans son ignorance à s'en tenir à la brutalité des faits, que Dieu saura châtier un jour ses mauvais bergers. L'invention des tarots au début du xve siècle, qui ajouta l'illustration religieuse aux cartes purement numérales du xive et répandit à profusion les danses macabres, donne sa pleine valeur à l'hypothèse.

Quoiqu'il en soit, l'essentiel est que dans les œuvres comme celle de La Chaise-Dieu, où s'alliait harmonieusement le don de la vie avec le goût du convenu, le résultat de cette évolution fut tel qu'il eut toute la saveur de la nouveauté et l'ampleur d'une création originale.

Désormais il n'y aura plus guère à attendre que le déclin. Les *Mors de pomme* et les *Danses aux aveugles* en bordure des livres d'Heures, les imageries de pèlerinage du genre des *Trois mortes et des trois vives* rivaliseront de platitude pour corrompre le goût du public; et à leur suite, la peinture murale, afin de garder sa popularité, s'avilira.

La fresque de Kermaria-Nisquit, pour être à peu près contemporaine de celle de la Chaise-Dieu, présente déjà ces tares. Sa maladresse capitale est d'avoir remplacé çà et là un crâne par un mufle de bête pour faire peur davantage, naïveté du même ordre que la farce du campagnard qui se promène par le village, sur le coup de minuit, masqué d'une courge percée de trous. C'est une pieuse mascarade pour oratoire perdu dans les landes et des âmes taillées au couteau.

Seul, le sens du réalisme donnera encore de temps à autre du piquant à des reprises de fantaisie, comme l'avait déjà tenté au début du xive siècle, à l'égard du dit, ce fabliau de Watriquet Brassenel où l'on voit *Trois dames de Paris*, au sortir d'une orgie à la taverne, se livrer au plaisir du tapage nocturne et finalement, victimes de truands qui les laissent pour mortes, se retrouver nues dans la boue et les vers du charnier des Innocents.

C'est là le procédé que devait employer Hans Holbein, dans ses *Simulacres et historiées faces de la mort*, publiés à Lyon en 1538, mais avec un autre sentiment de la délicatesse et pour exprimer un idéal tout opposé.

Les tableautins du maître allemand sont des scènes de genre où aucun détail pittoresque n'est omis, à telle mesure qu'on en oublierait parfois la présence de la mort. Quelle ironie dans le dernier lever d'une belle et honnête dame à la manière de Brantôme qui, croyant à une plaisanterie d'amoureux et rêvant encore contredanse et violon, se laisse tirer par les pieds hors des courtines ! Il ne sera pas de Voltaire au déclin plus comiquement lamentable que le vieillard en robe de chambre qui attend dans l'angoisse, du bout de son nez pincé, le résultat d'une analyse d'urine. Téniers même ne dépassera pas la verve de cette gravure de quelques centimètres qui détaille une scène entre joueurs de cartes, sous les poutres d'un cabaret : un des lansquenets rafle la mise, l'autre commente la belle avec force gestes, tandis que leur partenaire plein de rage est terrassé par un coup de sang. Et quelle bouffonne antithèse n'est pas enfermée dans cette chambre où l'astrologue, l'œil à la sphère céleste accrochée au plafond, devine si bien l'avenir qu'il ne s'aperçoit pas que son heure est là !

Mais une telle œuvre, qu'est-ce autre chose que de la philosophie à fleur de peau? Le mysticisme n'est pas le fait d'Holbein ; c'est simplement un artiste, qui aime le spectacle et les présents de la vie, et ne connaît pas de bonheur plus parfait que de travailler à ses planches quand le soleil jette sans compter des pièces d'or sur le Rhin, la fenêtre de son atelier grand ouverte au bruit des rues marchandes de Bâle, près d'une chope. Devant les figures de la Chaise-Dieu, qui reçoivent de leur isolement même sur un fond sans décor une signification d'autant plus terrible, on se dit : « La pensée de la mort doit présider à nos actes pour les amender, car le monde n'est rien auprès de l'éternité. » En feuilletant l'album d'Holbein, voyant ce qui fait le prix de la vie, l'amour, l'art, la science, l'action, on songe un instant avec le léger frisson de l'homme bien portant : « Comme c'est fâcheux de laisser tout cela un jour » (1) !

En quittant le dessinateur si pleinement représentatif de l'idéal artistique de la Renaissance, n'oublions pas que Shakespeare clôt le genre avec *Hamlet*. Seulement l'Anglais s'y révèle encore plus distant que l'Allemand de l'esprit de piété du Moyen-Age; et sa danse d'Elseneur, que mène le spectre d'un roi assassiné, ne rappelle plus que par certains côtés extérieurs celle du xv siècle, que le dramaturge a pu voir sur les restes de la peinture funèbre du vieux Saint-Paul de Londres, puisqu'il fait allusion à cette œuvre dans sa pièce *Mesure pour mesure*. Son damoiseau, c'est le bâtard, né de deux civilisations adverses, que prévoyait l'ange de *La Mélancolie* d'Albert Dürer rendu songeur par les premières audaces de la science en face

(1) Victor Hugo, dans une lettre datée du 11 septembre 1839, décrit la danse des morts de Lucerne, peinte au xvııe siècle sur les deux faces des « planches triangulaires emboîtées sous l'angle du toit » qui recouvre le pont de la Reuss. Le prince du romantisme manque de sens critique à l'égard de Meglinger quand il le tient pour un grand esprit, alors qu'il n'est qu'un sous Holbein.

des articles de foi du passé chrétien ; le sceptique qui, ayant pénétré jusqu'à la lie les choses d'ici-bas et ne sachant plus où il en est, des hommes et de Dieu, meurt dans une orgie de sang princier d'une crise de folie.

Ainsi se perd à la suite des âges le souvenir de cette glorieuse origine qu'attestait encore frère Richard quand, prêchant sur l'Apocalypse, il choisissait. pour servir de fond à ses gestes et accroître ainsi son action sur la foule, la danse macabre du cimetière des Innocents.

Quoi de plus? Qu'on se hâte de voir de près l'âpre leçon d'égalité et de métaphysique en costume d'autrefois qu'achève d'effacer le temps, sur la clôture des stalles de la Chaise-Dieu qui se dresse comme un mur mitoyen entre le relatif et l'absolu. Elle doit nous rester chère : c'est la dernière œuvre qui relève de la pure tradition des « Panathénées du christianisme » et on retrouve par elle un coin d'âme de la pénitente du cordelier Richard, notre Jeanne d'Arc.

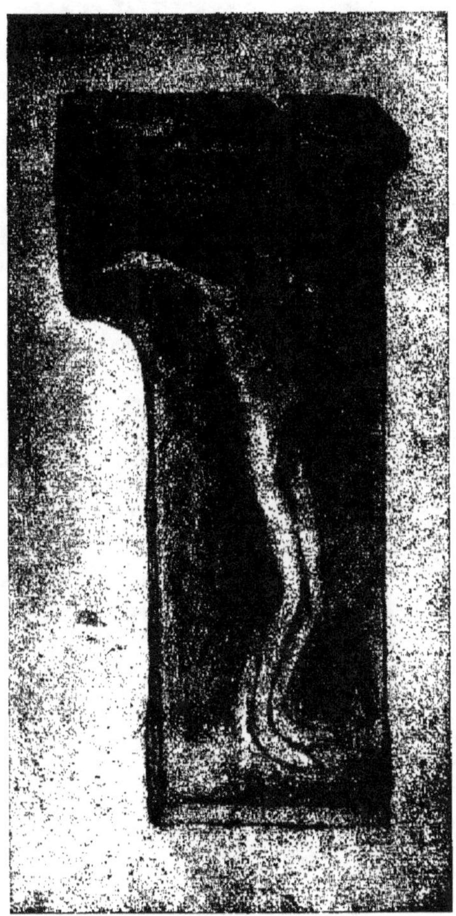

(D. et cliché A. Vicard).

Troisième fresque. — III.

TABLE

Préface.. 1

Avant-propos...................................... 1

Les personnages obligatoires :

La fresque des seigneurs du temps jadis........... 3
Où l'on voit maître François Villon............... 7
La fresque du damoiseau........................... 10

La technique :

Le dessin... 15
La couleur.. 26

*Les rapports du genre funèbre avec le dogme de
l'enfer*.. 35

Ce que l'art funèbre doit à l'Apocalypse :

La popularité des prophéties de saint Jean........ 51
Les cavaliers et la mort de l'Apocalypse dans l'art.... 56
Les cartes à jouer, lien entre l'Apocalypse et les danses
macabres.. 60
Le dit des trois morts et des trois vifs.......... 63
Le triomphe de la mort............................ 75

Conclusion...................................... 79

Achevé d'imprimer le trente juin mil neuf cent dix-huit
par Peyriller, Rouchon et Gamon
au Puy-en-Velay
pour Antoine Vicard.